교사와 함께하는

유아국악놀이의 이론과 실제

| 정 성 자 지음 |

창지사

머 리 말

어린이 국악교육에 뜻을 두고 오직 한길로 달려온 지도 벌써 32년 세월이 흘렀다.

1988년 출판된 나의 첫 교재인 어린이 국악교육이 발간될 때만 해도 국악교육에 대한 연구가 전무(全無)한 상황이었다. 그러나 지금은 전국적으로 유아교육기관 현장에서 유아국악이 많이 보급되어 국악수업이 진행되고 있음을 볼 때 흐뭇한 보람을 느끼곤 한다.

또한, 유아국악교육이 대학의 유아교육과나 대학원의 석사·박사논문 등에서 지속적으로 연구되고 있는 것을 볼 때 마음속 깊이 새삼 남다른 감회를 느끼곤 한다.

우리의 미래는 교육에 달렸다. 특히 조기교육 과정인 유아기는 언어발달과 성격형성 등 인격의 기초가 확립되는 중요한 시기인 만큼 유아국악교육의 비중은 매우 크다고 할 수 있다.

"교사와 함께하는 유아국악놀이의 이론과 실제"는 32년의 노하우를 통해 교사들에게 좀 더 쉽게 창의적으로 접근할 수 있는 국악수업 방법을 연구하여 저술한 책으로 이미 27년 전에 발간된「어린이 국악교육」과「어린이 국악교육의 실제」에서 교사에게 필요한 부분인 동요 피아노 반주법과 극놀이활동을 발췌하여 실었다.

이 교재를 내기 위해 저자는 현장교육기관에서 3년간 유아들과 직접 부딪히며 국악을 지도하였다. 유아들의 특성과 우리의 국악을 재미있고 흥미롭게 도입하여 우리의 리듬을 간직할 수 있까를 연구해 본 결과물이기도 하다.

대부분의 현장교사들은 국악수업이 장단위주, 기능위주의 수업을 원하지 않고 놀이활동을 통한 창의적인 국악 표출법을 원하고 있다.

유아국악 수업을 받지 않은 대부분의 국악과 출신의 강사들은 국악을 장단위주, 기술위주의 수업을 하기 때문에, 좀 더 쉽고 재미있게 유아들에게 접목할 수 있는 놀이활동을 통한 수업 접근법을 활용할 것을 제시해 본다.

특히 이 교재는 창의적이고 다양한 국악놀이활동을 통해 우리의 국악을 재미있는 국악, 기다려지는 국악 시간이 될 수 있도록 국악의 다양한 소재를 통해 쉽고 기초적인 방법으로 표출해 보았다.

아무쪼록 이 책을 통해 현장 교사나 국악 강사들이 유아 눈높이에서 좀 더 자신있게 체계적인 국악을 지도할 수 있도록 우리의 교육현장에 유아국악 놀이활동이 크게 활용될 수 있기를 바란다.

이 책이 나올 수 있도록 도움을 준 전인평 교수님과 수원여대 엄태식 총장님, 그리고 수원여대 재학생들, 이화여대 평생교육원 재학생들, 원고 정리를 도와 준 한국어린이국악교육협회 서예리 팀장과 현장 촬영에 협조해 준 선경유치원 원장과 그림 유치원 원장님께 고마운 마음을 전한다. 마지막으로 이 책이 나올 수 있도록 책의 출판을 도와주신 창지사 나기영 이사님께 감사의 마음을 전한다.

어려운 상황에서 항상 용기와 위로로 동행해 주신 하나님께 내 마음을 다해 감사드립니다.

2015년 1월
협회 연구실에서
저자 정성자

차 례

제1부 유아국악교육

제2부 놀이활동의 실제

제3부 유아국악 작품

제4장 발표회를 위한 작품 ≫ 253

제4부 국악기초 이론

제1부

유아국악교육

제1장

유아국악 이론과 실제

1 조기 국악 교육의 필요성

어느 나라 음악이든 음악은 아름답게 느껴질 수도 있고 또 감동적으로 받아질 수도 있다. 그러나 국가마다 역사가 다르고 언어와 문화풍습이 달라 그 음악도 다르기 마련이다. 모든 음악은 인간의 문화와 역사의 산물로 태어났다.

어떠한 사회건 그 사회는 집단을 이루고 있고, 집단에는 반드시 그 집단에 맞는 문화가 있기 마련이다. 미개국이나 개발도상국이나 할 것 없이 그들 나름대로의 전통적인 문화가 있다. 어린이들은 이같은 문화 속에서 태어나 그 문화를 배우면서 성장한다. 이것이 바로 사회화의 과정이며, 교육인 것이다. 그러므로 사회는 자라나는 어린이들에게 그들의 문화를 알려 주고 그 문화 속에서 동화(同化)시킬 의무가 있다.

여러 나라의 민속 음악을 비교해 보면 나라마다 다른 독특한 민속적 색채를 띠고 있는 것을 알 수 있다. 리듬의 흐름과 음계, 악기의 음색, 선율, 장식음, 노래하는 방법 등이 모두 독특하다.

유아의 생후 1년은 듣는 것이 주된 활동이며, 이것은 후에 음악을 만들어 내는 과정에서 중요한 역할을 한다. 즉, 듣기부터 시작하여 소리 만들기, 음악 만들기로 발전한다. 음악적 감각은 조기에 발견되며 발달 속도가 빠르다. 음악을 이해하는 최초의 방법이 듣는 것이기 때문에 유아 시절부터 우리의 음계와 장단으로 된 음악을 자주 부르고 들려 주어야 한다. 감각 발달에 있어서 청각은 유치원 시기부터 초등학교 시기를 무의미하게 넘기면 훌륭한 음악적 능력의 향상을 기대하기가 어렵다. 모든 감각매체는 감성과 가장 밀접한 관계를 가지고 있기 때문에 감각기능 중 청각이 가장 먼저 발달한다.

음악이란 다양한 음파로 전달되기 때문에 자주 듣게 되면 사람의 음성에 대한 감수성이 높아지고 정서적이며 원만한 인격체로 성장하게 된다. 어린이의 기초 감각력에는 판별력, 리듬 지각, 리듬 표현력, 강약에 대한 지각, 선율 지각 등이 있다. 이러한 기초 감각력은 감각·지각의 발달로서 신체적 발달과도 관계가 있으며, 전반적인 감각력은 10세 이후에는 거의 발달을 찾아볼 수 없게 된다. 따라서 국악 교육도 조기교육으로 이루어져야 한다.

유아의 음악 지도는 모국어를 배우듯이 음악 언어로 시작한 우리의 노래에서부터 어린이들의 적극적인 참여를 통해 경험되는 악기 치기, 율동(춤), 놀이 활동, 노래극 등을 통해 음계와 리듬, 장단을 익히도록 이루어져야 한다. 이러한 활동은 교육 현장에서 계속 지도되어야 하며 음악이 생활화될 수 있도록 힘써야 한다. 그 나라의 민족 음악은 문화적 유산으로 음악을 훈련하는 데 기본 교제가 되어야 한다(정성자, 어린이 국악교육의 실제, 2000).

우리의 음악은 체내에서 자연 발생적으로 흘러나오는 것이라고 볼 때, 어린이들에게 우리 민족의 언어로 된 노래와 우리 겨레의 몸짓을 교육하는 것은 너무나 당연하고 바람직한 일이다. 어릴 때부터 우리의 음악을 자주 들려주고 익혀줌으로써 국악의 감각을 형성시켜야 한다. 우리는 대한민국에서 살고 있고 우리의 언어와 관습 속에서 생활하고 있다. 한국인이라면 누구나 국악을 이해하고 사랑하는 것은 너무나 당연한 것이다.

음악 교육의 목표는 바람직한 국민으로서의 교양을 높이고 애국애족하는 마음과 우리나라의 문화 향상에 기여할 수 있는 인간을 기르는 데 있다고 하겠다.

우리나라 사람이면 누구나 한민족의 핏줄이 흐르고 있는 한국인 특유의 신명과 음악적 감성을 지니고 있다. 이러한 한민족 고유의 정신적 유산을 계승하여 우리의 민족정신을 어린이 음악 교육에 심도록 힘써야겠다. 자라나는 우리 어린이에게 민족 고유의 문화를 아끼고 사랑하는 정신과 신(新)문화 흡수에 대한 올바른 가치관을 형성하여 민족 문화의 계승 발전에 이바지하는 한국적인 정신, 과거의 전통 음악에 맥을 이은 새로운 전통을 어린이들에게 물려주어야 할 때이다.

우리 문화유산인 국악을 자라나는 어린이에게 교육해야 하는 것은 매우 절실하고도 당연한 일이다. 우리 어린이들에게 우리의 것을 가르치지 않는다면 어린이들은 주체성과 자주성이 상실된 인간으로 성장될 것이다. 그러므로 우리의 어린이는 우리의 것으로 교육시켜야 한다.

민족의 주체성을 확립하기 위한 바람직한 교육은 민족문화유산에 기대할 수밖에 없고, 학교 교육이 조상의 문화유산을 계승하여 민족문화 발전에 기여한다고 볼 때 국악 교육은 민족성 확립을 위하여 그 의의가 큰 것이다.

우리나라 음악 교육에 있어서 한 가지 사명은 그 민족 고유의 전통문화를 계승하는 일이다. 어느 나라 사람이건 간에 어려서부터 자기 나라의 음악 문화인 국악에 자연스럽게 접하면서 이를 배우게 하는 것은 가장 쉽고도 중요한 일이다. 언어 교육과 마찬가지로 한국적인 심성을 가꾸기 위해서는 한국적인 음악, 즉 국악을 가르치는 일이 중요하다고 본다. 한국인이면 누구나 한국 음악을 이해하고 사랑하는 것이 당연하기 때문이다. 따라서 국악 교육에서도 조기 교육은 중요한 의미를 갖는다.

국악은 우리들의 것이고 우리가 지켜야 하며 우리 민족을 대표하는 것이다. 국악의 필요성을 시대적 입장에서 볼 때 전통문화의 계승 발전이 곧 민족 문화의 창달과 융성에 크게 이바지한다는 것은 주지(周知)의 사실이다.

민족의 주체성 확립을 위한 바람직한 교육이란 자기 민족만의 전통적인 것을 새로운 관점에서 재인식하여 새 시대와 조화를 이루는 음악을 만들어 내는 것이다. 우리 민족의 고유한 생활양식과 문화를 담고 있는 전통 음악을 토대로 한 음악교육을 통하여 자라나는 새싹들에게 우리의 음악을 보급, 발전시키는 일은 매우 중요한 일이다.

어린이들의 감추어진 재능에 싹이 나게 하려면 싹이 날 수 있는 환경을 만들어 주어야 한다. 어린이가 바로 보고, 듣고, 만지고, 움직이고, 표현할 수 있도록 우리의 음악을 자연스럽게 경험할 수 있는 다양한 음악적 환경을 제공해야 한다.

국악은 우리 민족 고유의 음악으로 이를 전승 발전시켜 나가야 한다는 사실은 민족적 차원이나 교육적 차원에서 볼 때 큰 과업이며, 중요한 당면 과제이다.

국악 교육은 민족 음악 교육이며, 민족 음악 교육은 국적 있는 교육이라는 교육 이념에 노날하게 된다.

2 유아국악교육 프로그램

"교사와 함께하는 유아국악놀이의 이론과 실제"의 프로그램은 다음과 같다.

- 국악이론 : 현장 교사들이 유아국악 지도 시 알아야 할 국악기초이론을 요약하였다.
- 유아국악 이론과 실제 : 현장 지도 시 필요한 실제는 유아국악이론을 바탕으로

한다.

- 놀이활동의 실제 : 유아들의 필수 활동인 놀이와 게임을 중심으로 한 이론과 실습활동을 제시한다.
- 극놀이활동 : 동화를 중심으로 한 음향효과와 감상활동으로 분류한다.
- 작품 : 유아들이 현장에서 크고 작은 발표회를 위한 실기작품으로 다양한 악기의 타법과 악기동작 표현과 다양한 춤동작을 제시하여 국악의 흥겨움과 아름다움을 작품으로 연주하는 형태이다.
  - 작품지도는 기교·기술적인 면에 치중하는 것이 아니라 원박을 중심으로 한 여러 장단의 변화형태에 따른 다양한 몸동작을 뚜렷이 표현하여야 한다 -

어린이 눈높이에 맞는 국악 지도내용은 아래와 같다.

1) 지도내용

(1) 2박자계의 리듬에서 주로 3박자 계통으로 된 우리의 국악 리듬을 지도한다.

(2) 서양 음악의 계명에만 익숙해 온 유아들에게 우리 고유의 리듬(타) 악기인 장구에서 사용되고 있는 구음법(장구 입소리)을 지도한다.

(3) 민속악 장단 중 유아들에게 비교적 적합한 난타, 인사장단, 굿거리장단, 세마치장단, 자진모리장단, 별달거리장단, 단모리장단을 손뼉 치기, 발 구르기, 책상치기, 무릎 치기 등 인체를 사용하여 국악 리듬을 이해하도록 한다.

(4) 몸동작 놀이 형태를 이용한 걷기, 달리기, 뜀뛰기, 밀기, 당기기 등이 국악 장단과 조화되어 유아들로 하여금 즐거움 속에서 자연스럽게 국악 리듬을 느낄 수 있도록 한다.

(5) 보편화되지 않은 국악 리듬 악기를, 보편화된 양악 리듬 악기인 오르프 악기와 병행시켜 소리의 유사성과 국악 리듬 악기의 이름을 구분할 수 있도록 한다.

(6) 양악 리듬 악기와 국악기를 모두 국악 장단에 맞추어 직접 다루어 봄으로써, 악기 연주의 기회와 즐거움을 느낄 수 있도록 한다.

(7) 타악기와 연주를 통해 각 악기의 동작 표현력과 춤동작을 지도한다.

(8) 장구 악보와 장단에 따른 놀이활동으로 국악의 장단과 악보를 익힐 수 있도록 한다.

(9) 한삼, 부채를 활용한 놀이활동은 한국 춤의 기초를 활용하는 형태로 분류하여 지도한다.

(10) 국악극 놀이활동을 통해 동화와 악기의 소리, 음색 파악, 국악동요와의 어울림을 느낄 수 있도록 한다.

(11) 전래동요와 민요풍을 기초로 한 국악동요를 개작하여 사용한다.

(12) 동요를 활용한 다양한 국악놀이 활동을 제시한다.

(13) 현장교사를 위하여 국악동요를 장단화하여 피아노 반주법을 익힐 수 있도록 악보화한다.

(14) 유아의 동화 극놀이 활동은 국악 리듬 악기의 음향효과와 개작한 동요로 이야기의 내용을 더욱 실감 나게 함으로써 국악 동요의 분위기를 조성한다.

(15) 동요는 국악동요, 전래동요로 나누어 노래, 합창, 손율동, 장구놀이, 소고놀이, 기악합주, 춤동작, 놀이활동으로 분류하여 지도한다.

(16) 난타는 장구난타, 북난타, 두드림, 북소리, 두드락 북난타, 폐품을 활용한 난타로 활용한다.

(17) 장구놀이는 춤동작 표현을 중심으로 한 장구 연주로 지도한다.

(18) 장구합주는 상구의 원박을 중심으로 한 장구 연주로 다양한 장단을 지도한다.

(19) 이 외의 작품으로 캐럴 합주, 가야금 합주, 민속놀이, 국악 체조, 사물놀이, 풍물놀이, 민요와 소고놀이 등을 지도한다.

(20) 한국춤 작품 - 기본무(Ⅰ, Ⅱ), 소고춤, 장구춤, 부채춤, 한삼춤, 탈춤, 막대춤, 리본춤, 심바춤(바라춤), 북춤, 딱춤(짝짝이춤) 등.

2) 교육활동

유아에게 효과적인 국악수업을 하기 위해서는 통합적인 국악교육 활동을 해야 한다. 우리나라의 음악은 예로부터 歌(노래), 舞(춤), 樂(악기)의 종합적인 예술 형태로 이루어져 있기 때문이다. 이를 바탕으로 모든 영역은 어린이들의 눈높이에 맞게 지도해야 바람직한 국악교육 과정이라 볼 수 있다.

이 책에서 다루어진 통합적인 국악 지도 방법은 다음과 같다.

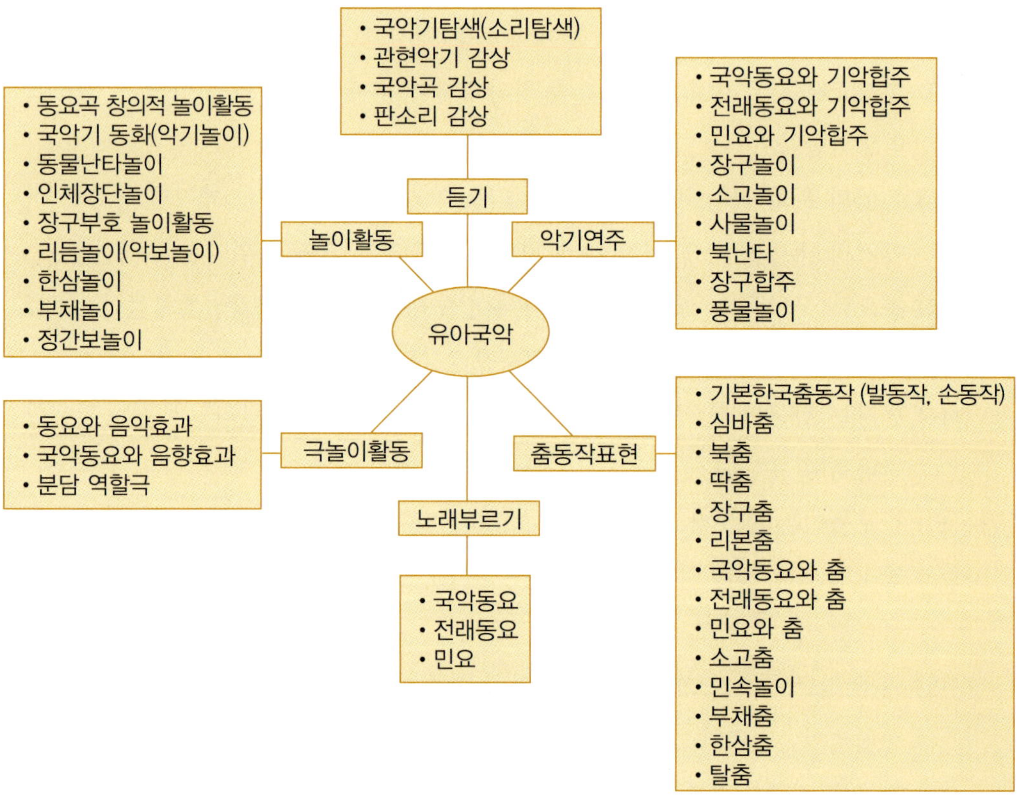

(1) 듣 기

인간은 태어나는 순간부터 여러 가지 소리에 둘러싸여 있다. 유아는 주위환경에서 일어나는 모든 소리, 인위적인 소리 등 비음악적인 소리의 탐색에서 시작하여 정제된

소리의 탐색으로 옮겨진다(윤영태, 정윤선, 오르프 접근법과 악기 앙상블, 2005).

인간이 태어나서 가장 먼저 발달하는 지능은 청각기능으로 예능감각의 발달 과정에 있어 음악적 감각은 다른 예술적인 감각에 비해 조기 발견되며 발달 속도도 급속하게 진행된다. 유아의 모든 음악활동은 듣기에서부터 시작된다. 유아의 예술경험 영역은 아름다운 음악과 소리를 탐색해 보고 표현해 보아야 한다. 음악을 듣고 자유롭게 표현해 보고 곡을 따라서 불러 보기도 한다. 유아기에는 음악에 대한 특정된 고정관념이 생기지 않았기 때문에 이 시기에는 다양한 국악 감상곡을 자주 들려주어야 한다. 특히 국악기의 소리는 여운을 길게 남기는 울림의 소리가 있어 유아들의 듣기 활동을 통해 감각개발에 많은 도움을 준다. 여러 국악기를 활용한 소리 탐색과 국악기의 소리와 연주곡, 동요나 민요 등을 자주 들려 줌으로써 국악에 대한 자연스러운 접근방법으로 국악교육을 시작해야 한다.

(2) 노래부르기

유아는 태어나면서부터 음악과 밀접한 관계를 가지며 성장한다. 유아는 매일매일 생활의 한 부분으로서 음악을 요구하며, 각 연령별 특징에 따라 나름대로 경험을 쌓는다. 이 시기의 경험은 일생 동안 많은 영향을 끼친다. 유아는 음악을 통하여 그들의 생각과 느낌을 선날하며 풍부한 감정과 아름다움을 느끼며, 음악을 듣고 그 속의 리듬을 지각하여 정서적으로 반응하며 만족감을 얻는다.

어린 시절은 예술적으로 민감한 감수성이 급속하게 발달하는 시기이다. 유아들은 노래를 선천적으로 좋아하며 즐긴다. 유아들에게 있어서 노래 부르는 것은 말하는 것과 똑같이 자연스러운 것이며, 오히려 말보다도 감정 전달을 더 잘할 수 있다.

유아의 기초적 음악 교육의 첫 단계는 노래부르기이다. 노래부르기는 어린이에게 즐거움과 만족의 경험으로 자기표현을 할 수 있게 하는 활동이다. 목소리는 음악으로 자신을 표현하는 직접적 매체 역할을 한다. 노래를 부를 수 있는 시기를 살펴보면, 몇 명은 유아기인 4세부터 정확한 음정으로 노래를 부를 수 있다. 그리고 7~8세가 되면 정확한 노래를 할 수 있으며, 조직적이고 약간 복잡한 음계의 순응은 6세부터 9세 사이라고 할 수 있다. 즉, 6~9세 사이의 유아는 이미 모든 노래를 거의 정확히 받아들일 수 있다.

노래는 기악의 시초이다. 노래와 기악 활동은 밀접한 관련을 가지고 행해져야 한다. 노래는 리듬의 도입을 가져오는 이상적인 매체이기 때문에 유아들이 우리 노래를 부르면서 리듬 악기로 장단을 맞추며 율동을 하는 것은 매우 바람직한 일이다. 노래야말로 음악 활동의 기초이며 음악 교육의 핵심이다. 노래는 음악 청취의 능력을 조장하는 음악적 매개로서 최상의 수단이 된다. 왜냐하면 노래에서는 음높이, 음질, 음의 길이 등이 목소리 자체와 연결되고, 표현에 있어서는 기계적이 아니고 다분히 지능적이기 때문이다. 유아의 노래는 자유로운 신체적 움직임을 통하여 리듬을 표현한다.

유아 음악 교육의 기본적인 목표는 노래의 기교적인 면에 있는 것이 아니라 음악을 통해서 기쁨을 발전시키는 데 있다. 헝가리의 작곡가이며 음악 교육가인 졸탄 코다이는 음악 교육의 프로그램 제1원칙은 모국어로 시작하여야 한다고 하였다. 노래에서 나오는 리듬은 말의 리듬과 같기 때문이다. 말의 리듬은 단순히 우리 말의 연장이며, 이것이 노래로 불릴 때는 독자적인 리듬꼴로 나타나게 된다.

이러한 말의 리듬은 그 나라 언어의 악센트나 뉘앙스(의미, 음조)와 밀접한 관계가 있다. 각 나라마다 어법이 독자적이고 특성이 있기 때문에 음악도 다르기 마련이다. 노래의 시작은 단순한 흥얼거림에서 시작된다고 볼 수 있다. 유아들이 서로 대화할 때 유심히 살펴보면 거기에는 정확한 리듬, 즉 언어 리듬이 있다. 우리나라 음악에서 주로 사용하는 5음계 중에서 유치원은 3음 중심 라, 솔, 도에서 4음 정도, 초등학교 저학년은 솔, 라, 도, 레, 미의 5음을 사용하여 지도하는 것이 효과적이다.

우리가 한국어를 쓰고 있다는 것은 언어적으로 또는 음악적으로 자기 동일성을 지니고 있다는 사실이다. 즉, 우리의 말에 맞는 우리의 음계로 된 노래를 유아들에게 지도해야 한다는 것이다. 음악적 삶의 방식이 우리의 고유한 음악적 성향을 지녔다고도 볼 수 있다.

유아에게 알맞은 노래는 멜로디, 가사, 리듬 형태가 반복적이며 이해와 기억하기 쉬운 단어를 사용하여야 한다. 속도 면에서는 느린 리듬에서부터 빠르기까지의 다양한 분위기를 가져올 수 있어야 하며, 몸동작을 같이할 수 있는 노래가 적당하다. 유아에게 있어서 노래는 말하는 것과 같이 자연스러우며, 이에 따른 신체적 활동은 음악과 직접적으로 밀접한 접촉을 경험하게 된다.

유아를 위한 국악교육은 국악 장단의 노래를 자주 들려주어 장단의 변화를 느낄 수 있게 하고, 장단에 맞는 표현으로 이어지는 흥겨운 국악교육이 되어야 한다. 음악 교육의 기본이 되는 것은 노래부르기이므로 언어의 모국어인 전래동요, 국악동요, 민요는 우리나라 음악교육의 기초가 되어야 한다(정성자, 어린이국악교육의 실제, 2000).

국악동요와 전래동요는 노래와 합창, 놀이, 기악합주, 춤동작의 형태로 지도할 수 있고 민요는 가창보다는 감상으로 기악합주, 장구놀이, 소고놀이, 춤동작, 민속놀이 등으로 활용한다.

※ 참고-국악동요, 전래동요, 민요의 내용(정성자, 유아국악교육, 2009).

<동요의 교육적 의의>

– 국악동요, 전래동요 –

유아교육적 측면에서 동요의 교육적 가치를 살펴보면 다음과 같다.

- ♣ 언어를 바탕으로 그 시대의 문화를 알 수 있다.
- ♣ 즐거움과 흥겨움을 부여한다.
- ♣ 가사를 통하여 언어발달을 돕는다.
- ♣ 장단을 익힘으로써 국악의 리듬을 알 수 있다.
- ♣ 리듬을 통하여 우리 음악의 호흡을 느낄 수 있다.
- ♣ 우리 문화에 대해 관심을 갖게 된다.
- ♣ 정서적인 안정감을 갖는다.
- ♣ 우리의 노래를 불러 봄으로써 한국인의 긍지를 갖는다.
- ♣ 우리 음악과 서양음악의 분별력을 키운다.
- ♣ 공동체 질서를 알 수 있는 사회성 발달을 가져온다.

(3) 놀이활동

유아의 모든 음악 활동은 유아가 자발적으로 참여하는 활동이기 때문에 모든 국악교육의 교육과정을 통하여 자연스러운 환경에서 자연스러운 교육으로 이어질 수 있도록 아래와 같이 능률적으로 이루어져야 한다.

① 언어중심 놀이

우리나라는 유구한 역사와 찬란한 전통문화를 창조해 왔으며 단일 언어를 사용해 온 언어의 어법을 바탕으로 하여 음악을 이루어 왔다는 점에서 문화 민족의 긍지를 가진 나라이다.

어린이는 놀면서 배우고 성장하기 때문에 놀이는 어린이의 생활일 뿐만 아니라 학습의 기본 형식이 된다. 유아는 놀이를 통해서 사회적인 존재로 성장한다. 유아는 새롭고 신기한 놀이 세계에서 풍부한 사회적 경험을 할 수 있다. 놀이는 모든 민족의 유아들에게 보편적이고 자연적인 불가분의 관계가 형성되는 필수적인 활동이다. 특히 유아는 놀이하면서 심리적 안정감과 두뇌발달, 신체적 성장을 가져온다(이숙재, 영유아 놀이활동, 2011).

유아의 본능적인 놀이활동은 예술적 감수성, 그리고 지능만이 아닌 지적 능력과 다방면적인 기술, 과학, 문화, 사회를 건설하는 힘과 생각을 갖게 한다.

교육으로서의 놀이는 유아의 조화로운 발달과 종합적인 학습을 도모할 수 있는 최상의 방법이다. 또한 유아의 놀이는 여러 형태의 탐색 활동을 통해 사고를 배양할 수 있는 창의성 계발에도 많은 도움이 된다. 음악문화인 국악은 우리의 문화와 정서를 담고 있는 우리의 말을 음악으로 나타낸 모국어인 음악어법이라 할 수 있다. 우리의 언어는 고유의 표현방법인 리듬과 악센트가 있어서 말에 따라 리듬이 달라지고 강박과 약박이 정해진다. 동요나 민요의 가사를 통하여 그 민족의 어법을 찾을 수 있으며 우리나라 음악의 음악적 특색을 알 수 있다.

놀이의 본질은 기쁨과 즐거움이며, 놀이하는 과정 자체를 즐기며 만족을 얻기 때문에 국악동요나 전래동요를 통해 노래와 놀이로 연계하는 교육이 필요하다. 유아는 놀이를 하면서 정서, 신체, 인지, 언어, 사회성 등 자신의 모든 것을 표현하기 때문에 자연스럽고 즐거운 국악교육의 모든 프로그램을 통하여 접목하는 것이 효과적이다.

② 신체중심 놀이

신체를 움직여서 하는 놀이 동작에는 국악 장단을 통한 걷기, 뛰기, 달리기를 비롯해 움직일 수 있는 모든 동작을 이용할 수 있고, 노래를 부르면서 이어지는 다양한 춤 동작, 국악기를 이용한 악기 연주 및 감상을 통한 여러 가지 표현하기 활동 그리고 악기 놀이활동으로 이어질 수 있다. 이 외에도 국악 리듬을 이용한 손뼉 치기, 발구르기, 무릎치기 등이 있다. 또한 우리 음계를 이용한 재미있는 놀이활동과 악기 소리 흉내내기, 노래와 음향 효과로 이어지는 노래극과 그림학습의 다양한 프로그램이 유아의 놀이활동에 중요한 의미를 가진다. 유아에게 있어서 몸을 움직이는 놀이활동 프로그램은 놀이인 동시에 교육이기 때문이다(정성자, 어린이 국악교육의 실제, 2000).

③ 창작활동, 창의성 발달 놀이

놀이를 통한 창작활동은 우리 음악에 대한 이해, 학습, 체험 없이는 불가능하기 때문에 창작활동 전의 유아들에게 우리의 리듬과 장단을 이용한 프로그램부터 시작하여 전래 동요나 국악 감상곡 등을 서서히 들려 주면서 시작해야 한다.

특히 표현활동은 한국춤 동작과 기악 합주를 통하여 발달함으로 한국춤의 기본적인 보법과 팔사위법을 익혀 다양한 춤동작과 장단에 따른 창의적인 창작능력을 기른다. 또한 국악타악기를 직접 쳐 보고 표현해 봄으로 장단에 적합한 다양한 악기 소리의 조화를 느끼게 된다. 북악기와 쇳소리 악기에 따른 표현 방법과 강약의 흐름 악기에 적합한 동작까지도 창의적으로 표현하게 된다. 창작 국악 교육을 시도하는 것은 국악교육을 구축한다는 점에서 유효한 활동이며 산 교육이 된다.

④ 인지발달 놀이

유아의 인지발달은 여러 가지 놀잇감과 분류개념, 공간, 시간, 수 개념 등으로 자연스럽게 학습할 수 있다. 새로운 사물이나 상황을 탐색하고 실험해 보면서 해결방안을 모색할 수 있다(이숙재, 영유아 놀이활동, 2011).

국악에서의 인지발달은 장구 악보를 통한 놀이형태와 게임놀이 형태로 활동할 수 있다. 정간보와 리듬보, 장구의 입소리를 활용하여 바닥놀이활동, 발동작, 팔동작, 뛰기 활동, 한삼활동 등 다양하게 접목한다. 또한 악보활동에 따른 박자놀이는 수 개념을 자연스럽게 학습할 수 있어 인지발달에 도움이 되는 활동이다. 이외에도 서양 악기와 국악기 소리의 유사성 비교학습놀이, 두 손을 사용하면서 치는 장구와 북난타 등의 두뇌 활동은 유아의 인지발달에 도움이 된다.

⑤ 정서발달 놀이와 사회성 발달

유아는 놀이를 통해 감정의 변화를 가져오기 때문에 놀이는 정신건강에 도움이 된다. 놀이경험은 건전한 정서를 형성시키고 다양한 국악경험을 통해서 정서의 변화를 갖게 된다. 국악수업을 통해 국악을 자연스럽고 친근하게 접하게 되며, 자신감을 갖게 되고 국악을 좋아하게 된다. 또한 국악을 아끼고 사랑하는 마음과 한국적인 심성의 정서가 형성된다. 유아의 정서 발달 형성에 도움이 되는 국악은 국악감상과 실제로 분류된다. 감상은 유아의 심성을 안정시킬 수 있는 간단한 정악곡과 흥겨운 민속악에 나오는 국악기 소리를 감상하는 것이다. 가야금과 거문고, 대금, 해금 등의 소리로 국악의 흐름을 감상한다. 실제는 국악동요와 전래동요를 노래하고, 민요를 통한 악기연주, 국악곡을 바탕으로 한 장구놀이, 기악합주 등은 감상과 함께 연주가 동반되기 때문에 유아의 정서순환에 도움이 되는 활동이다.

국악에 있어서 유아의 사회성 발달은 연주를 통한 협동심, 질서 지키기, 친구 간의 교감과 친밀감을 말한다. 게임놀이를 통한 질서 지키기, 장구합주 시 강약의 조절, 주고받기, 같이 치기, 쉬기 등 다양한 표현법을 들 수 있다. 특히 친구들의 소리를 듣고 튀지 않고 고르게 연주하기, 몸동작을 같이 표현하기의 활동은 개인주의 성향에서 단체생활의 두레 정신을 알게 하는 사회성 발달을 가져온다.

(4) 악기연주

언어를 사용한다는 것과 일과 동시에 물건을 사용하는 것은 사람이 동물과 구별될 수 있는 특징이다. 이 두 가지는 사고력을 필요로 하는 활동이며, 인간의 성장 발달에 의해서 길러진다. 따라서 사람이 소리를 내기 위해서는 자기의 신체운동을 제외하고서는 물건을 사용해야만 한다. 유아는 자기의 주위에 있는 모든 물건으로 소리를 만드는 본능을 갖고 있다. 이것은 우리가 유아의 일상생활을 관찰해 보아도 알 수 있다. 유아들은 상점에서 나오는 장난감보다 냄비와 프라이팬, 그리고 숟가락을 더 좋아하며 숟가락을 쥐고 국그릇을 때리거나 컵이나 접시를 딱딱 치기를 좋아한다. 가장 초보적인 방식일지라도 유아가 악기를 연주할 때 큰 성취감을 느끼게 된다.

유아는 악기 연주를 통하여 획득한 새로운 감각의 재능을 과시함으로써 자랑스러움을 느낀다. 유아는 좋아하는 노래를 반복하여 듣거나 노래 부르기를 매우 좋아하며, 특정한 소리에 귀를 기울이고 악기의 반주에 맞추어 노래를 부를 때도 목소리를 올리거나 내리기도 하며, 음악에 따라 장단을 맞추거나 리듬 합주에 참여한다. 그리고 속도에 맞추어 움직이거나 노래의 가사나 제목을 만들어 본다. 유아의 리듬은 될 수 있는 대로 음악에 맞추어 자연적으로나 창작적으로 몸을 움직여 자유롭게 표현하도록 해야 한다.

또한 리듬 악기 놀이는 재미있고 즐거운 활동이다. 그리고 리듬 악기는 주로 유치원이나 초등학교 저학년에서 쓰이는데, 어떤 나이에서도 리듬 악기는 기초적인 음악 학습에 쓰이고 언제 어디서나 음악적인 목적을 달성할 수 있게 한다. 유아에게 리듬 악기를 이용한 활동은 항상 즐거운 것이기 때문이다.

음악교육의 수단으로 흔히 타악기가 이용되고 있는 것은, 유아나 초등학교 음악교육에 있어서는 리듬교육, 혹은 리듬에 중점을 둔 음악교육이 큰 비중을 차지하고 있기 때문이다. 리듬 표현은 목소리만으로는 충분히 표현할 수 없기 때문에 신체적 표현과 함께 리듬 악기를 이용함으로써 그 표현이 한층 생기있고 효과적이다. 리듬교육이 유아나 초등학교 저학년 어린이에게 중요한 만큼 국악기의 연주와 이해도 중요한 교육의 학습현장이 되어야 한다.

음악은 소리로서, 리듬과 악기연주는 신체로서 생각이나 느낌을 자유롭고 자연스럽게, 즐거운 가운데서 표현되어야 한다. 악기연주는 즐거운 가운데 유아의 자발적인 참여가 이루어질 때 흥미 유발을 가져오는 산 교육 현장이 된다. 유아의 악기연주는 동요와 기악합주, 민요와 기악합주, 장구놀이, 장구합주, 북난타, 소고놀이, 사물놀이, 풍물놀이 등이 있다(정성자, 유아국악교육, 2009).

(5) 춤동작

우리에게는 예전부터 내려오는 전통양식과 사회적 취향을 지닌 민족의 미, 즉 우리만이 갖고 있는 한국의 멋이 있다. 우리의 '춤'이 바로 그것이다.

우리의 음악과 춤은 서로 밀접한 관계를 갖고 있다. 과거 우리 놀이의 역사가 그러했듯이 음악과 춤은 함께 어우러져 왔다. 마을 전체의 큰 마당과 거리, 그리고 골목에서의 길놀이 등은 서민의 생활 속에 어우러지는 음악과 춤판이라고 할 수 있다. 춤은 음악이 선행된 후 진행된다. 음악이 없이 춤만 이루어질 수는 없다.

이러한 춤의 리듬을 맞추는 악기는 장구이다. 장구의 저음과 고음에서 나는 소리, 궁편과 채편의 조화로운 소리, 다양한 리듬의 변화를 나타내는 장구 소리는 춤을 더욱 흥겹게 출 수 있게 한다. 우리나라의 춤에는 우리 음악의 가락과 억양, 그리고 고유 의상 속에서 발달해왔기 때문에 우리만이 가질 수 있는 선의 아름다움이 흐르고 있다. 우리의 역사가 그러하듯이 놀이로서의 춤 동작은 유아들이 가진 리듬 그 자체로 대변할 수 있는 중요성이 인정된다.

가락과 춤, 멋과 흥과 감정의 춤인 우리나라의 춤사위는 민족의 영원한 멋이고, 활달하고도 흥겨운 민족의 춤으로서 자라나는 어린이의 멋으로 이어져야 할 것이다. 모든 유아는 자신의 개인적인 리듬을 갖고 있으며 육체적인 움직임 속에서 그들 각자의 리듬을 이용하고 있다. 리듬은 분절된 마디와 신체, 신체 동작에서의 시간과 긴장으로 이루어져 있다.

신체 내에서 경험되어 느껴지는 인식은 공간적인 형태를 가지고 의사소통이 형태화됨으로써 리듬을 느끼게 되고, 이해함으로써 춤동작으로 이어진다. 2~3세의 유아는 TV나 라디오에서 흘러나오는 음악에 맞추어 몸을 움직인다. 3~4세부터 초등학교 저학년의 어린이는 사물의 모양이나 움직임의 특징을 모방하여 표현하는 능력이 있다. 신체적 감각을 통한 감각 교육의 중요성을 인식하고 신체를 통한 음악적 리듬의 원천은 자연스러운 리듬으로 이어져야 한다.

유아는 태어나면서부터 각자의 잠재된 리듬을 소유하고 있기 때문에 리듬은 음악적 표현수단으로 교육되어야 한다. 즉, 유아는 신체 운동을 통해서 한국 음악의 리듬 감각을 숙달시켜야 한다. 넓은 의미로서 유아의 신체표현은 춤과 관련된 형태라 할 수 있다. 음악리듬에 있어서 신체표현은 음악의 여러 가지 요소를 신체동작으로 표현함과 동시에 유아의 마음속에 내재하고 있는 것을 나타내기 때문에 온몸을 통해서 반응시키는 중요한 교육 형태라고 할 수 있다. 풍부한 신체표현은 흥겨운 몸동작에 의해 이루어진다. 리드미컬한 동작은 음악에 의해서 유도된다.

음악과 신체표현과의 관계는 음악을 효과적으로 체득시키기 위해서 신체표현을 이용하며, 신체표현을 효과적으로 하기 위해서는 음악의 힘을 빌린다는 점에서 서로 밀접한 관계가 있음을 알 수 있다.

우리나라의 고유음악에서 가장 발달한 음악의 기본요소는 리듬이다. 한국 음악의 리듬은 민속예술의 고유한 형태인 민속춤에서 그 특징적인 구조를 이루고 있다. 유아의 신체발달에 적합한 춤동작은 한국춤동작의 기초가 되는 기본무와 동요와 춤동작, 민요와 춤, 민속놀이, 소고춤, 부채춤, 심바춤(바라), 북춤, 한삼춤, 딱춤, 장구춤, 리본춤, 탈춤 등이 있다(정성자, 유아국악교육, 2009).

(6) 극놀이 활동

유아는 자신의 경험이나 생각, 이야기를 극화하고자 하는 욕구가 강하며, 때로는 역사적 사실이나 앞으로 일어날 일, 미래에 대한 기대까지 극놀이 속에 포함시키기도 한다. 이러한 극놀이는 유아로 하여금 자연스러운 감정발산을 가능하게 하며, 자신감을 발달시키고 창의적 역량을 계발할 수 있도록 돕는다는 점에서 가치가 있다(교육과학기술부·보건복지부, 5세 누리과정 해설서, 2012).

국악극은 국악동요와 음향효과(국악기 연주), 해설, 배역(등장인물), 의상, 무대, 배경 소품이 포함된 종합예술형태라 할 수 있다. 동요를 통한 우리 음악의 흐름과 선율, 악기 효과를 통한 국악기 소리의 탐색, 노래에 따른 다양한 춤동작은 우리나라 음악인 국악을 총체적으로 이해하는 데 큰 효과가 있다. 우리나라 극의 대표적인 장르는 판소리와 창극을 들 수 있다. 종합예술형태인 판소리는 한 사람의 소리꾼이 북의 장단에 맞추어 일정한 사설인 줄거리를 말로 엮어나가며 몸짓으로 표현하는 종합예술형태이다 극놀이는 현재까지 전해지고 있는 흥보가, 수궁가, 적벽가, 심청가, 춘향가를 주제로 하여 유아에게 간단하게 극놀이 형태로 접근할 수 있고, 전래동화는 동요와 음향효과로 재창작하여 접근할 수 있다.

유아의 극놀이는 극의 내용을 분석하여 간단한 줄거리로 분담, 역할극 형태로 진행해야 한다. 극놀이는 국악기, 소품, 의상, 배경을 사용하여 친구들과 함께하는 협동적 활동으로 종합예술 경험의 형태라 볼 수 있다. 예술경험 영역은 풍부한 감성과 심미적 태도 및 창의적 표현력을 기르며, 다양한 예술표현 방식을 존중하고 즐기는 태도를 기르기 위한 영역이다(교육과학기술부·보건복지부, 5세 누리과정 해설서, 2012).

동화를 통한 음향효과는 해설에 따라 국악기로 소리를 내어보는 음향효과의 역할을 하는 활동이다. 큰 소리에는 북, 꽹과리, 징을 쳐 보고, 말굽 소리에는 장구 소리로 표현해 봄으로 유아는 극 줄거리에 따라 악기의 효과와 악기 소리의 특징을 알게 되며 국악기에 대한 친숙함을 갖게 된다. 또한 극놀이의 주제에 따른 간단한 분담 역할극을 실행함으로써 유아에게 창의적인 표현력과 자신감을 부여한다.

3 유아의 리듬타악기

1) 리듬 교육

리듬은 음악이 지니고 있는 가장 큰 특성인 시간적 흐름의 질서를 유지하는 기초적인 요소이다. 유아의 리듬 연습은 구체적이면서 전체적, 종합적, 기능적인 음악 경험을 통해 시작해야 한다. 또한 몸으로 리듬을 표출(表出)시키고 몸의 움직임에 따라 리듬감도 길러 준다.

리듬은 유아의 집중력, 직감력, 신체 운동을 발달시켜 표현력을 증진시키는 데 있어서 매우 중요한 역할을 한다.

유아는 일반적으로 신체적·정신적 발달이 미숙하고, 특히 자기 중심적인 경향이 강하고 비사회적이기는 하나, 반대로 그 발달 속도가 대단히 빠르며 인격의 기초가 확립되는 중요한 시기라 할 수 있다.

유아기의 리듬 훈련은 몸으로 리듬을 표출시키고 몸의 움직임에 따라 리듬감을 길러 준다. 이때는 주어진 자극에 대해 매우 적극적인 반응을 보이는 발동적 리듬 운동의 시기인 만큼 생활 체험은 뒤에 큰 영향을 주게 된다.

유아의 생활을 자세히 살펴보면, 유아만큼 음악을 쉴 새 없이 만들어 내고 탐색하고 즐기는 연령층도 없을 것이다. 아무도 가르쳐 주지 않아도 놀이에 열중해 있을 때나 쉬고 있을 때나 흥얼거리고 멜로디를 만들어 보고 또 리듬에 맞추어 움직인다. 이렇듯 음악은 유아의 생활에 있어 삶의 과정 그 자체라고 할 만큼 필수적인 요소이다.

리듬 교육은 유아의 놀이 감각에서부터 실천해야 한다. 음악과 움직임을 연결하여 몸과 마음의 조화를 이루어 이에 따른 판단력, 창조력, 반응력, 상상력 등의 능력을 길러준다.

인간은 태어나는 순간부터 갖가지 소리에 둘러싸여 있어서 음악은 인간이 즐길 수 있는 최초의 예술 형태라고도 말할 수 있다.

리듬은 유아의 집중력, 직감력, 신체 운동을 발달시켜, 생각을 나타내는 표현력을 증진시키는 데 있어서 매우 중요한 역할을 한다. 이러한 능력은 유아의 감각 발달을 통해서 이루어진다. 이와 같이 리듬감의 이해는 동작으로부터 시작되고 또한 동작을 음악과 맞출 수 있는 능력으로부터 시작된다. 리듬은 갓난아기로서 느끼는 최초의 규칙적인 호흡에서 시작하며, 기고 걷는 단계를 통하여 리듬에 대한 느낌을 깨닫는다.

유아가 리듬적인 움직임을 즐기고 또 필요로 한다는 사실은 하루종일 걷고 달리고 뛰뛰는 놀이 활동을 통해 충분히 알 수 있다.

모든 유아는 자신의 개인적인 리듬을 갖고 있는데 걷기, 달리기, 깡충뛰기와 같은 육체적인 움직임 속에서 그들 각자의 리듬을 이용하고 있다. 따라서 유아의 국악 교육도 신체 운동을 통해 음의 움직임을 표현하는 리듬 지도법을 생각해 볼 수 있다.

유치원에서 초등학교까지의 연령은 감각이 가장 민감한 시기이기 때문에 누구에게나 일생의 신체적·정신적 성장 과정에 많은 영향을 가져다 준다. 또한 유아는 유연성을 지니고 있으므로 쉽게 각종 음계와 복합 리듬의 변화에 적응하며, 아울러 이것을 자연스럽게 받아들일 수 있다. 이 때문에 국악 교육도 유아에게 즐거운 가운데서 음악적 감각으로 받아들일 수 있도록 해야 한다.

유아의 리듬 반응은 주어진 자극에 대해 매우 적극적이며, 발동적 리듬 운동의 시기인 만큼 생활 체험의 경험은 유아의 성장에 큰 영향을 준다.

유아의 리듬 연습 역시 가창 분야에서 시작해야 하며, 기악적 경험은 리듬을 바람직한 방향으로 발전시킨다. 리듬에 관한 연습은 그 자체가 독립적으로 음악 교육의 한 영역을 차지하는 것이 아니고 가창, 기악, 창작의 영역을 통해서 행해져야 한다.

따라서 국악의 효과적인 지도는 말 공부와 노래, 율동(춤), 악기 놀이 등 교육프로그램을 통해 효과를 거둘 수 있다. 리듬을 음악의 기초로 본 서구의 음악가 Orff, Kodály, Dalcorze 등은 음악 활동의 시작점을 리듬에 두었으며, 리듬 활동에서 시작하여 신체적인 움직임을 거쳐 타악기를 신체의 연장으로 보아 간단한 타악기를 통해 리듬 활동을 전개하였다.

Zoltán Kodály는 감수성이 빠른 연령에서 기초를 마련할 것을 강조하여 조기 교육의 중요성을 일깨웠으며, 민속음악 교육의 핵심을 유치원과 초등학교 교육에 두었다. 신체 표현이 유아 음악 교육에서 매우 중요한 의미를 갖는 것은 두말할 나위도 없다.

Orff는 "리듬 교육은 어릴 때부터라야 하며, 사춘기를 지나면 리듬 교육을 시키는 것은 효과가 없다. 따라서 음악과 운동을 일치시키는 활동은 어렸을 때, 그것도 빠를수록 자연스럽게 이루어진다."라고 말하고 있다. 이처럼 국악 교육에서도 가장 중요한 리듬감의 기초는 유아기부터 초등학교 저학년 사이에 형성된다고 해도 과언은 아닐 것이다.

음악을 듣고 싶거나 노래를 부르고 싶은 충동, 또는 춤을 추고 싶거나, 뛰고, 놀고 싶다는 유아의 내적인 욕구를 리듬 교육을 통해서 끌어내어야 한다.

유아는 음악에 맞추어 뛰어넘거나 행진을 하면서 리듬을 체득한다. 또한 리듬에 따른 속도의 변화도 느낄 수 있다.

리듬에 따라 동작의 방향이나 높이, 모양을 다양하게 변화시키는 표현법도 나타낸다. 교육으로서의 음악적 리듬은 유아가 가장 흥미를 느끼고 쉽게 적응한다.

유아들이 경험하는 음악을 생각해 볼 때 리듬은 유아의 일상생활에서 직접 체험하고 있는 것이기 때문에 음악적 경험으로써 큰 비중을 차지한다.

유아에게 있어서 악기는 매력적인 물건이다. 가장 초보적인 방식일지라도 악기를 연주할 때 큰 성취감을 느끼기 때문이다.

유아들에게 리듬 악기를 이용한 활동은 항상 즐거운 것이다. 이 악기들은 어린이가 좋아하는 만큼 집중적인 효과를 거둘 수 있다. 그리고 자신의 음악적 능력에 도전하는 감각의 새로운 어려움에도 즐거운 마음으로 대처하여 그 학습에 참가한다.

음악 교육의 수단으로서 흔히 타악기가 이용되고 있는 것은, 유아나 초등학교 어린이의 음악교육에 있어서는 리듬 교육, 혹은 리듬에 중점을 둔 음악 교육이 큰 비중을 차지하고 있기 때문이다.

리듬 교육은 유아나 초등학교, 특히 저학년의 어린이에게 필요하다. 리듬 악기의 대부분은 그 연주 기교가 비교적 단순하며 근육 작용도 리듬 표현과 매우 관계가 깊다는 이유에서 리듬을 주로 한 기악 지도는 이 연령의 유아 음악 교육 방법으로서 유효하게 사용되고 있다. 리듬 악기 놀이는 재미있고 즐거운 활동이다. 주로 유치원이나 초등학교 저학년에서 쓰이는 리듬 악기는 어떤 나이에서도 기초적인 음악 학습에 쓰이고, 언제 어디서나 음악적인 목적을 달성할 수 있게 한다. 리듬 교육이 유아나 초등학교 저학년 어린이에게 중요한 것만큼 국악기의 연주와 이해도 중요한 교육의 학습 현장이 되어야 한다.

새로운 아이디어를 배우고 새롭고 특이한 방식으로 음악을 만드는 데서 오는 재미는 유아를 자극하여 음악에 대한 활동적이고 지속적인 경험과 더불어 자아를 발견한다.

민족의 지혜로 짜인 우리의 민요는 수 세기를 내려오는 동안 음악과 언어의 관계를 가장 자연스럽게 표현한 산 음악으로, 유아들이 모국어를 배우는 과정처럼 음악적인 모국어는 민요를 배우는 길이 빠른 길이다. 따라서 리듬 역시 민요의 장단을 초기 교육의 자료로 하여 리듬 학습을 하는 것이 지름길이 된다.

우리에게는 한민족의 풍토 속에서 살아오면서 자연 발생적으로 생성된 음악 양식인 다양한 리듬으로 구성된 특유의 장단이 있다.

장단은 우리의 음악을 이루는 기본이기 때문에 국악을 이해하는 데 있어서 가장 기초가 되는 타악기(리듬 악기)로 리듬 교육을 하여야 하는 것이 마땅하다. 이러한 리듬 학습을 통하여 우리나라 음악의 리듬과 장단을 쉽게 이해하게 될 것이다.

2) 리듬타악기

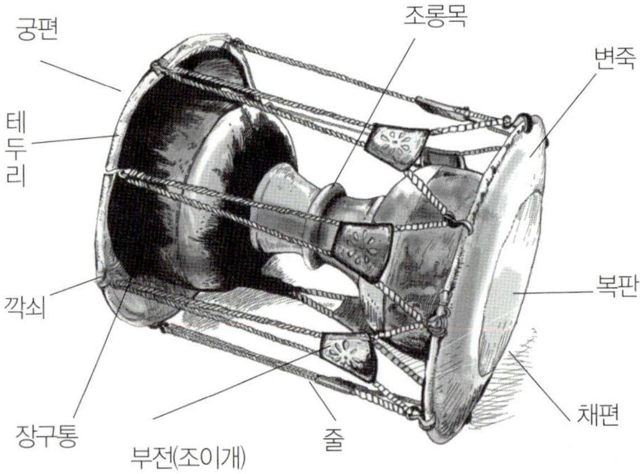

〈장구〉

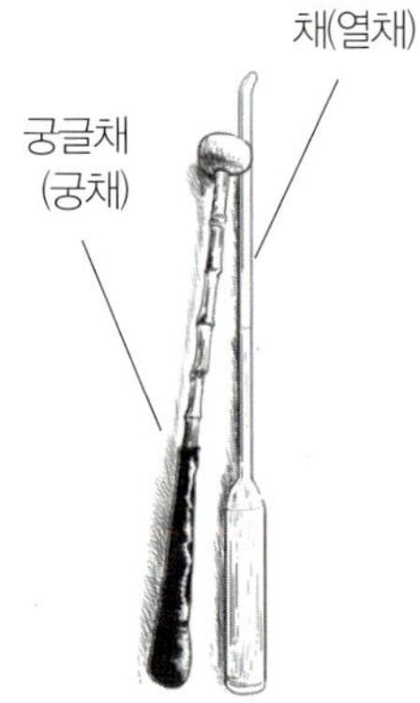

〈장구채〉

(1) 장 구

장구는 우리나라 북계통의 악기를 대표하는 장단(리듬) 악기이다. 일명 세요고라고도 하며, 고려 때부터 사용한 모든 음악에 광범위하게 쓰이는 타악기이다. 장단을 치는 악기는 판소리 반주의 북을 제외하고는 모든 음악에 장구가 사용된다. 장구는 풍물놀이나 사물놀이에는 궁글채를 사용하고 그 외에는 왼손으로 북편을 두드린다. 유아는 대부분 손 반주가 힘들기 때문에 소리가 크게 나는 기악합주나 장구놀이 장구합주 등에는 궁글채를 사용한다.

장구는 가죽이 얇고 높은 소리를 내는 채편과 가죽이 두껍고 낮은 소리를 내는 궁편(북편)이 있다. 오동나무로 된 장구통 위에 채편과 궁편 사이를 줄로 연결시키고 그 줄은 가죽으로 된 조이개(부전)로 연결되어 있다. 조이개는 장구 소리의 음량인 강·약을 조절하는 역할을 한다.

장구의 오른쪽은 오른손으로 채(열채)를 잡고, 왼쪽은 왼손으로 궁글채(궁채)를 잡고 친다.

양쪽의 가죽은 소가죽, 개가죽, 양가죽, 말가죽을 사용하고 장구의 몸통은 오동나무, 소나무, 미루나무를 사용한다.

장구는 사용 용도에 따라 앉아서 치기도 하고, 끈으로 묶어서 어깨에 매고 서서 연주하기도 하며 자연의 비유에서는 비로 비유되기도 한다.

장구장단

장단이라는 말은 고려 이래로 음악의 절주를 뜻하는 말로 쓰여 왔으며 한국음악만이 갖는 독특한 박자체계이다.

장단은 일정한 길이의 리듬형으로 규칙적으로 반복되는 박자형태를 말하는 것으로, 일정한 리듬의 틀을 가지고 있다. 그러나 국악에서는 우리 장단의 특징이라 할 수 있는 불규칙한 장단과 다양한 변형 장단이 있다. 또한 아주 느린 박에서부터 아주 빠른 박으로 된 다양한 리듬으로 구성되어 있다.

한국 전통음악은 정악이나 민속악을 막론하고 대부분 3분박 중심(1박자를 3등분한 것)과 2분박 중심(1박자를 2등분한 것)으로 구성되어 있는데 주로 1박 3분법(♩. =♩♩♩) 계통의 음악이 많으며, 산조와 민요 같은 민속악 계통의 음악과 전래동요 등이 포함된다.

장구는 한국 전통악기 가운데 혁부(革部)에 속하는 체명악기로 한자로는 장고(杖鼓)라고도 한다. 장구는 가죽으로 된 타악기의 일종으로 양편 머리가 크고 허리가 가늘다 하여 세요고라고도 한다. 장구장단에는 진양조, 중모리, 중중모리, 도드리장단과 가곡, 시조장단 등 여러 가지 장단이 있으나 어린이의 눈높이에 적합한 장단은 난타, 인사장단, 굿거리장단, 세마치장단, 자진모리장단, 별달거리장단, 동살풀이장단, 단모리장단 등이 있다. 이러한 장구 장단을 통해 유아의 신체표현을 나타낼 수 있는 장단놀이 리듬활동을 전개할 수 있다.

장구는 국악동요와 리듬합주, 전래놀이와 리듬합주, 장구놀이, 장구합주, 민요와 장구놀이, 장구춤, 사물놀이, 풍물놀이 등에서 광범위하게 활용된다.

유아의 장구놀이는 성인위주의 기교를 탈피하고 유아의 성장발달에 맞는 신체적 표현(춤 동작)을 동작으로 지도해야 한다. 기교위주의 장단보다는 박자의 원박을 다양하게 변형하여 몸동작으로 표현할 수 있는 호흡법을 중심으로 교육하여야 한다(정성자, 유아국악교육, 2009).

유아의 음악 지도는 모국어를 배우듯이 음악 언어로 시작한 우리의 노래에서부터 유아들의 적극적인 참여를 통해 경험하는 악기치기, 율동(춤), 놀이활동, 노래극 등을 통하여 음계의 리듬, 장단을 익히도록 해야 한다(정성자, 어린이국악교육의 실제, 2000).

따라서 장단에 따른 말장단 놀이는 유아에게 우리나라의 박법을 익히는 데 가장 도움이 되는 활동이다.

난 타

난타는 사물놀이나 장구 연주를 할 때 서로 호흡을 맞추어 보는 가락으로 음악의 시작과 끝을 알리는 데 사용하는 신호 장단으로 쓰인다.

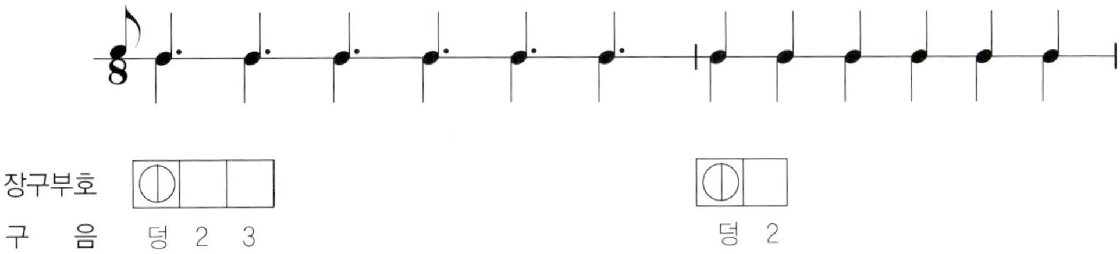
장구부호
구 음
덩 2 3
덩 2

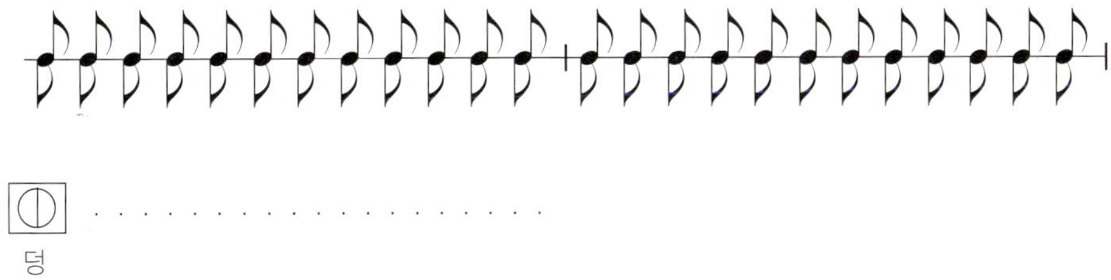
덩

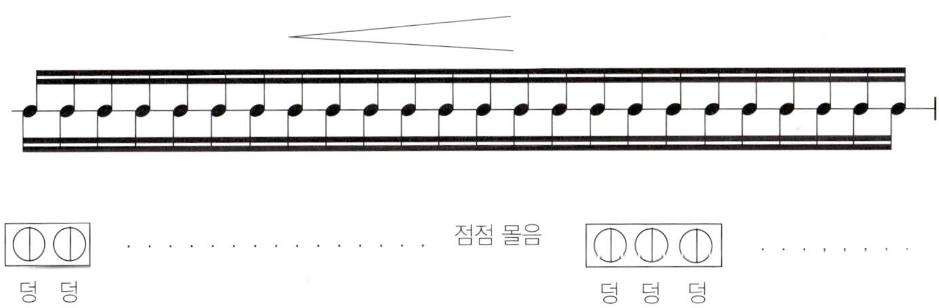
덩 덩
점점 몰음
덩 덩 덩

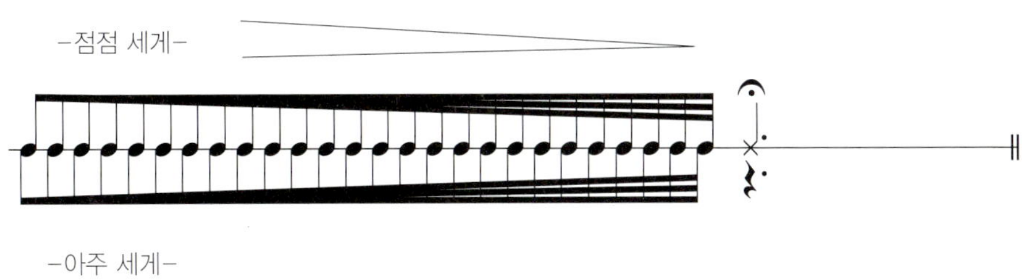
-점점 세게-
-아주 세게-

지도 내용

- 장단의 변화 : 느린 속도, 중간 속도, 몰아가는 속도, 빠른 속도
- 장단의 강약 : 아주 여리게, 조금 여리게, 조금 세게, 점점 세게, 아주 세게
- 장구 소리의 탐색 : 강, 약의 구별
- 손뼉 치기, 무릎 치기, 책상 치기, 발 구르기, 배 치기로 활용하기
- 동물과 교통기관의 소리와 동작으로 빠르기 표현하기
-  (동물) : 거북이, 사슴, 오리, 강아지, 토끼, 치타 등
- (교통기관) : 자전거, 오토바이, 자동차, 기차, 지하철, 비행기 등

▶ 인사장단

장구놀이나 기악합주 시 음악의 처음과 끝을 알리는 신호로 관객에게 인사할 때 치는 가락으로 난타와 번갈아서 사용할 수 있다.

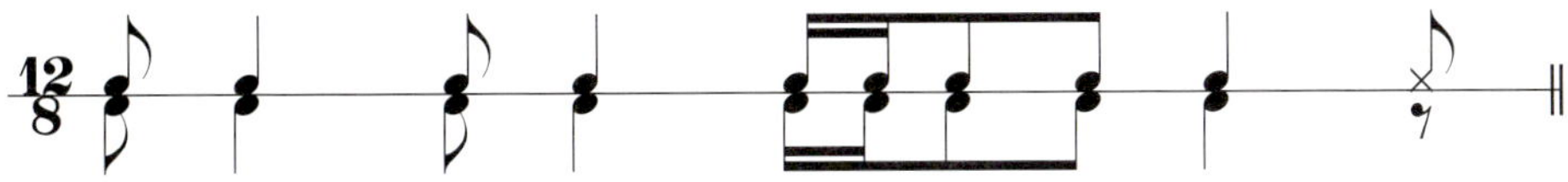

악보 부호	⦶ ⦶	⦶ ⦶	| | ⦶ ⦶	⦶ X
입장단 (구음)	덩 덩	덩 덩	더 더 덩 덩	덩 따
말장단	안 녕 (허이) 안 녕 (허이) 안 녕 (허이)	안 녕 (허이) 안 녕 (허이) 안 녕 (허이)	선 생 님 – 여 러 분 – 친 구 들 –	안 – 녕 안 – 녕 안 – 녕
인체 활용 몸동작	숙이고 들기 양팔 벌리기 (허이)	숙이고 들기 양팔 벌리기 (허이)	리듬대로 치기	치고 왼손 장구 테 위에 놓고, 오른손으로 변죽 쳐서 왼쪽으로 숙이기

굿거리장단

굿거리장단은 12/8박으로 되어 있고 조금 느리면서 흥겹게 우리 춤의 리듬을 탈 수 있는 장단이다. 국악동요와 민요장단, 장구놀이, 기악 합주, 사물놀이 등에 쓰인다.

리듬보

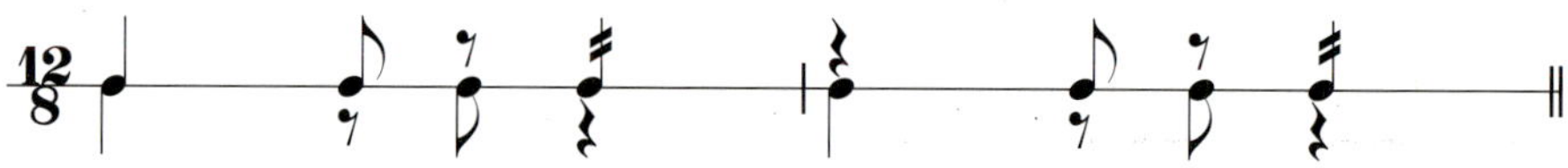

악보부호 (정간보)	⦶		ㅣ	○	⋮		○		ㅣ	○	⋮	
입장단 (구음)	덩		덕	쿵	더러러		쿵		덕	쿵	더러러	

■ 마무리 장단

⦶		ㅣ	○	⋮		○		ㅣ	○	ㅣ	
덩		덕	쿵	더러러		쿵		덕	쿵	덕	

■ 말장단 놀이

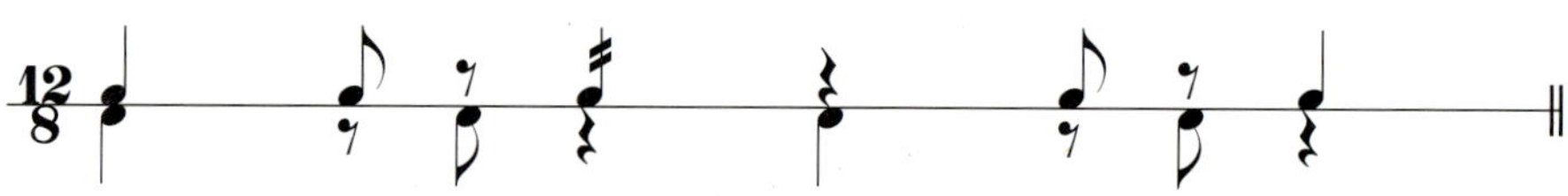

	돼		지	놀	러 와	서	꿀		꿀	꿀	꿀	
	염		소	놀	러 와	서	음		메	음	메	
	오		리	놀	러 와	서	꽥		꽥	꽥	꽥	
	토		끼	놀	러 와	서	깡		총	깡	총	

■ 변형 장단

1.
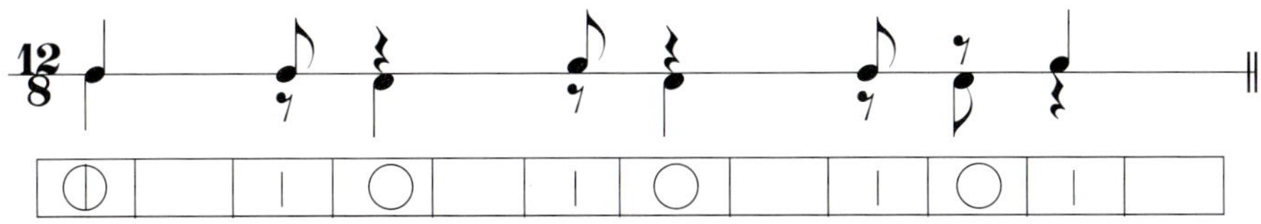

2.
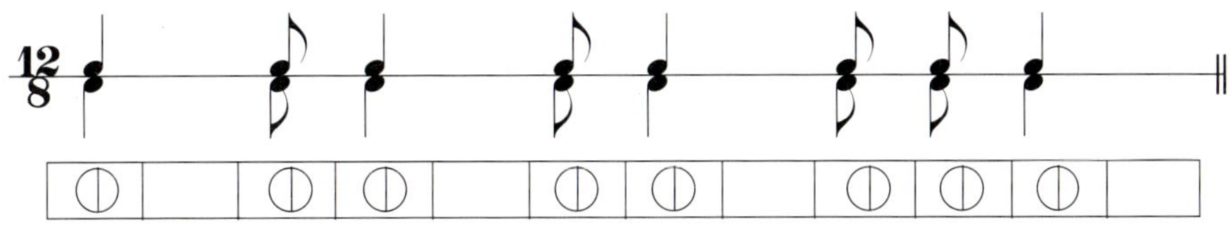

3.
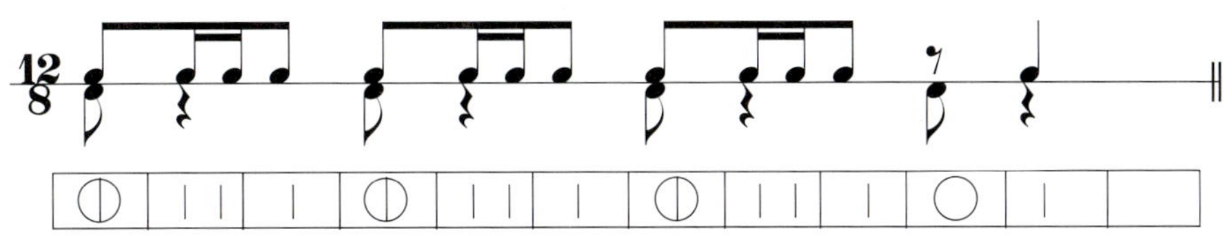

4.
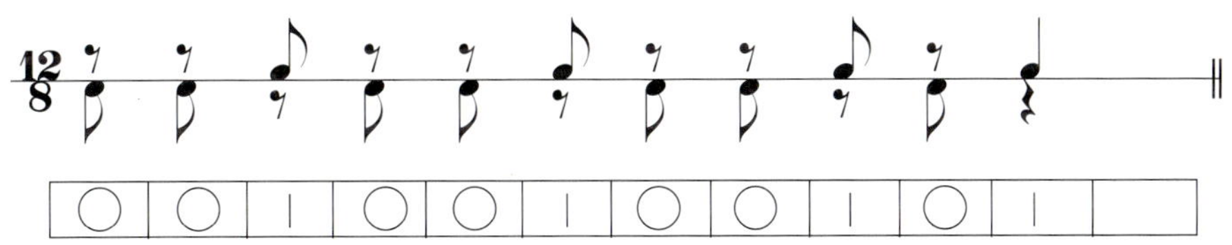

▶ 세마치장단

세마치장단은 12/8박으로 일명 양산도 장단이라고도 한다. 크게 세 박이 모여서 한 장단이 되는 개념으로 12박의 속도로 장단을 치다가 9박으로 치면 장단이 빠진 느낌이 들어 조금 난이도가 있는 장단이다. 세마치장단의 대표적인 민요는 아리랑이며 이외에도 도라지, 진도아리랑, 밀양아리랑 등의 민요 장단에 쓰인다. 국악동요나 기악합주, 장구놀이, 사물놀이 등에 쓰인다.

리듬보

악보부호 (정간보)	⦶			⦶		|	○	|	
입장단 (구음)	덩			덩		덕	쿵	덕	

■ 마무리 장단

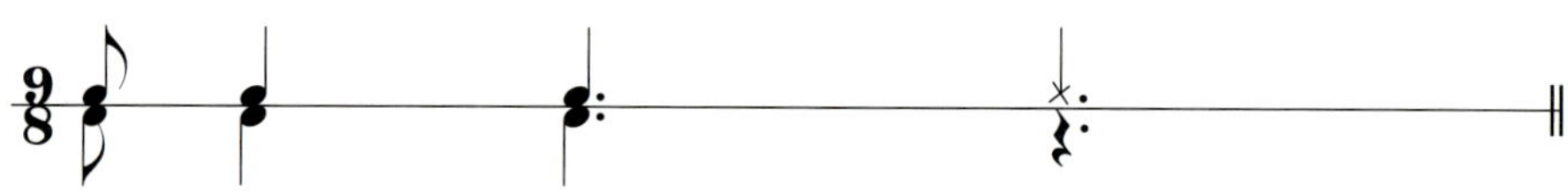

⦶	⦶		⦶			×		
덩	덩		덩			따		

■ 말장단 놀이

⦶			⦶		|	○	|	
덩			덩		덕	쿵	덕	

선			생		님	안	녕	
친			구		들	안	녕	
말			장		단	놀	이	
참			재		미	있	네	

■변형 장단

1.
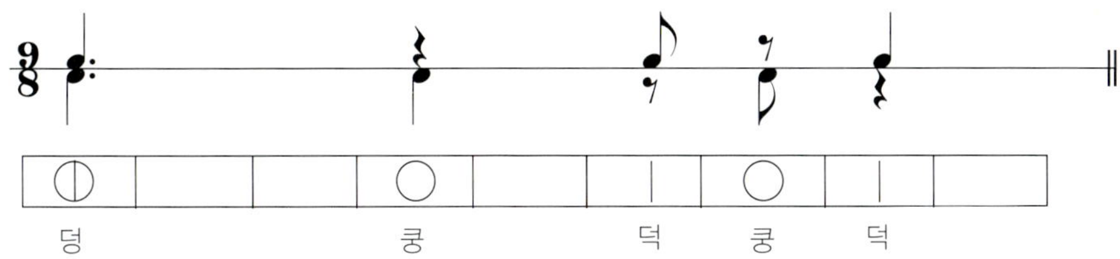

2.
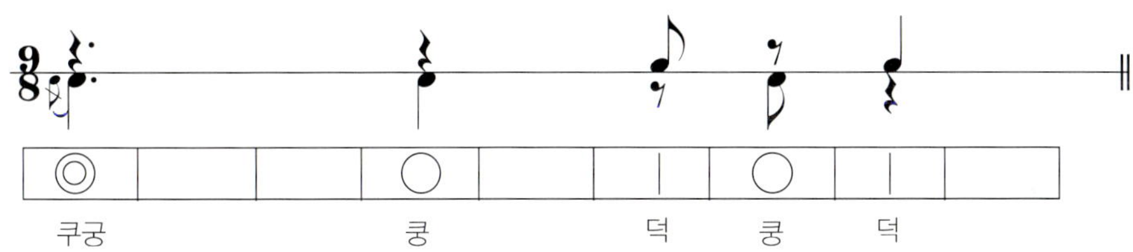

3.
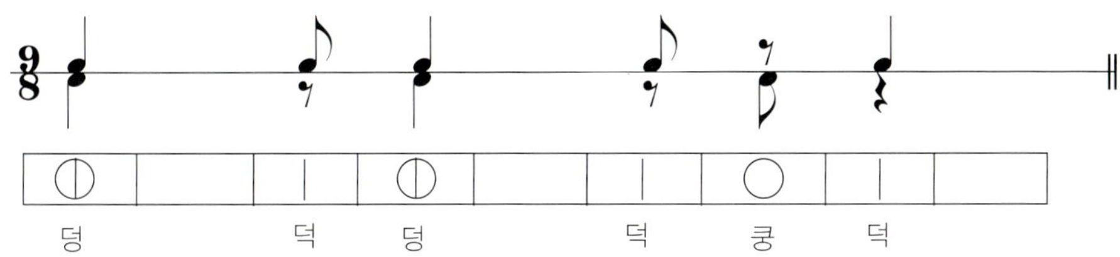

4.
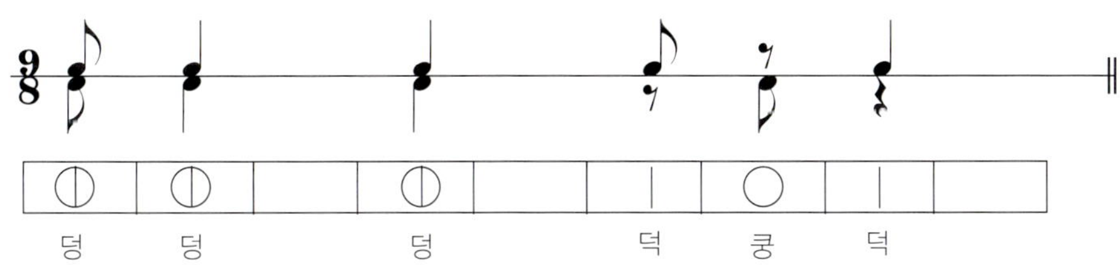

자진모리장단

자진모리장단은 삼채라고도 한다. 12/8박으로 조금 빠르면서 신명나게 몸의 리듬을 탈 수 있는 흥겨운 느낌의 장단이다. 원래 잦은몰이 즉, 잦게 박자를 빠르게 몰아간다는 어원에서 자진모리로 변화된 장단으로 삼채, 덩덕궁이라고도 한다. 민요와 동요, 춤, 사물놀이, 풍물놀이 등에 널리 쓰이는 흥겨운 민속악 장단이다.

리듬보

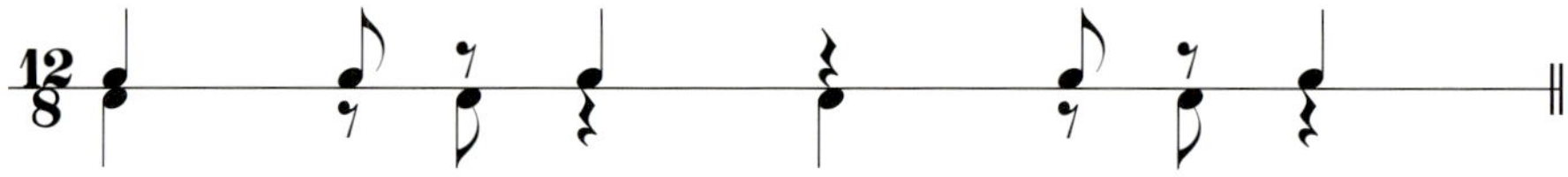

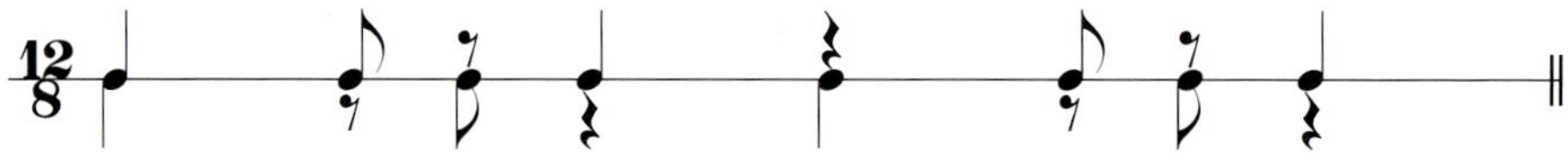

악보부호 (정간보)	⦶		│	○	│		○		│	○	│	
입장단 (구음)	덩		덕	쿵	덕		쿵		덕	쿵	덕	

■ 마무리 장단

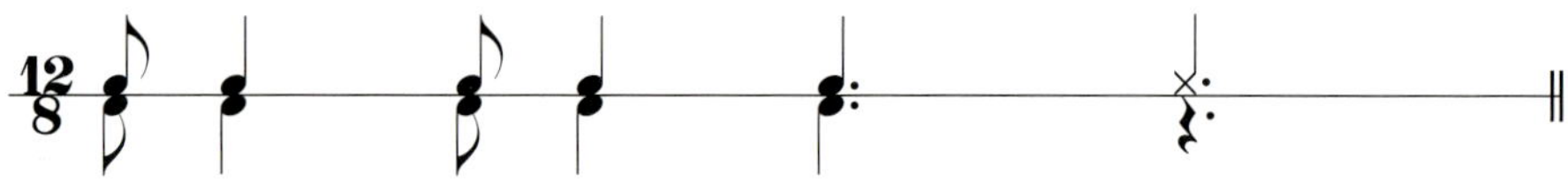

⦶	⦶		⦶	⦶		⦶			X		
덩	덩		덩	덩		덩			따		

■ 말장단 놀이

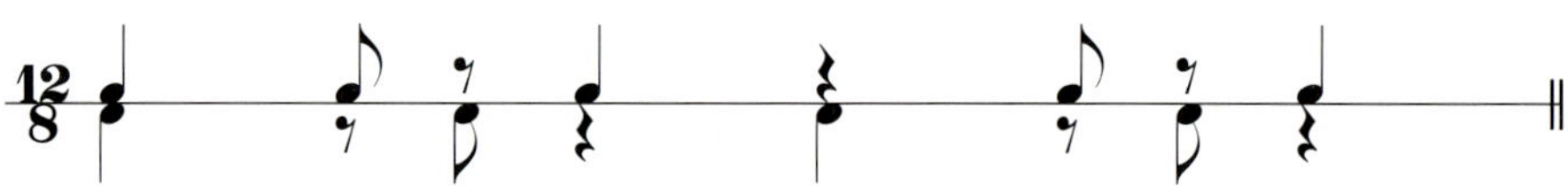

⦶		│	○	│		○		│	○	│	
덩		덕	쿵	덕		쿵		덕	쿵	덕	

5		월	5	일		어		린	이	날	
무		럭	무	럭		자		라	나	요	
5		월	8	일		어		버	이	날	
엄		마	아	빠		사		랑	해	요	
5		월	15	일		스		승	의	날	
선		생	님	-		사		랑	해	요	

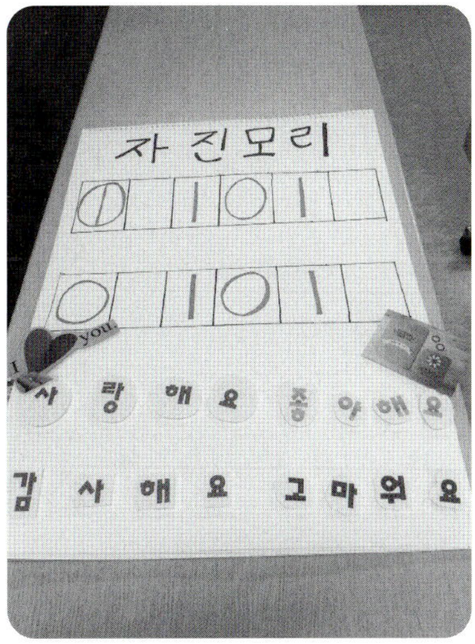

■ 변형 장단

1.
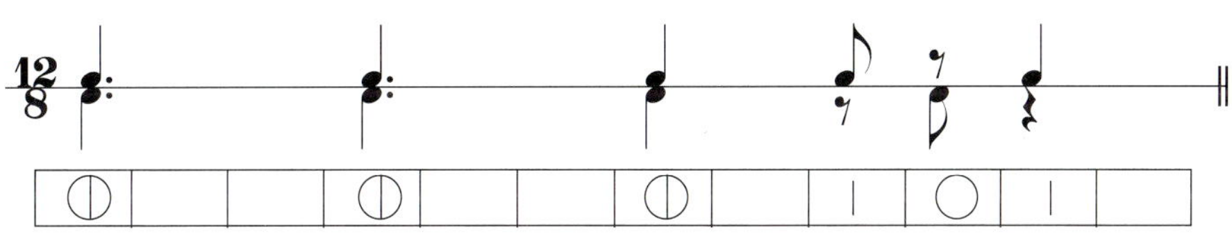

덩 덩 덩 덕 쿵 덕

2.
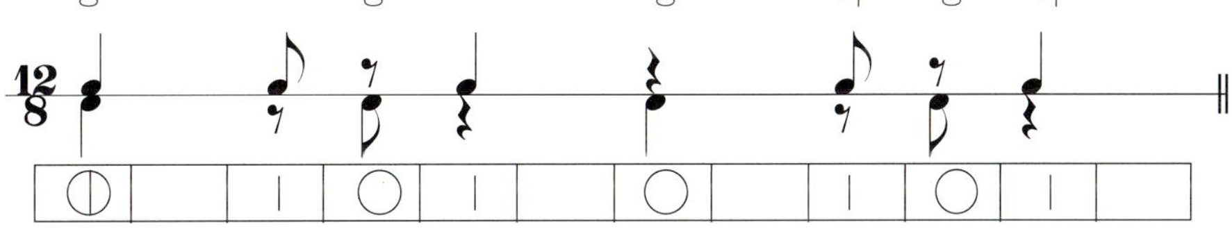

덩 덕 쿵 덕 쿵 덕 쿵 덕

3.
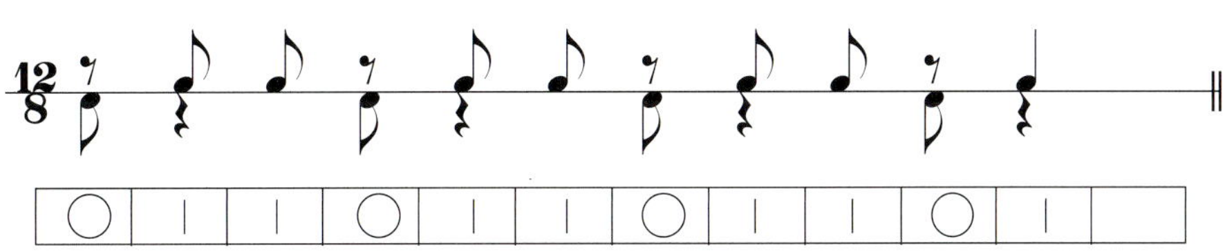

쿵 덕 덕 쿵 덕 덕 쿵 덕 덕 쿵 덕

4.
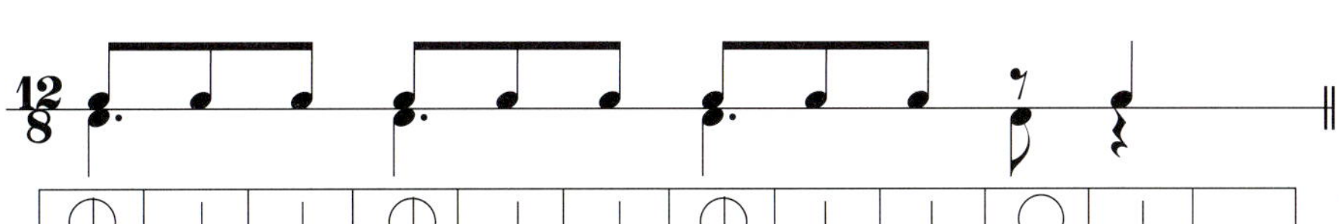

덩 덕 덕 덩 덕 덕 덩 덕 덕 쿵 덕

별달거리장단

4/4박 리듬형태로 단모리장단 흐름처럼 빠르게 친다. 사물놀이 가락에서 주로 쓰이는 별달거리는 영남 풍물가락에서 나오는 장단으로 비나리를 외치며 힘 있고 경쾌하게 치는 장단이다. 장단과 비나리(구음)를 교대로 연주하는 형태로 장구합주, 기악합주, 사물놀이 시 중간 부분에 넣어서 치면 흥겨운 특수효과를 낼 수 있다.

리듬보

악보부호(정간보) / 입장단(구음)

⦶	⦶	○ |	⦶	○ |	○ |	○ |	○
덩	덩	쿵 덕	쿵	쿵 덕	쿵 덕	쿵 덕	쿵
○ |	○	○ |	○	○ |	○ |	○ |	○
쿵 덕	쿵	쿵 덕	쿵	쿵 덕	쿵 덕	쿵 덕	쿵

말장단

이	를	닦 아	요	치 카	치 카	닦 아	요
위 아	래	좌 우	로	구 석	구 석	닦 아	요
수	업	시 간	은	조 용	조 용	해 야	되
선 생	님	말 씀	을	귀 담	아 서	들 어	요

비나리(구음) 1

별 따 세 별 따 세 하 늘 올 라 별 따 세

X2

하 늘	보 고	별 을	보 고	땅 을	보 고	농 사	짓 고
⦶	⦶	○ |	○	○ |	○ |	○ |	○

올	해 도	대 풍	이 요	내 년	에 도	풍 년	일 세
⦶	⦶	○ |	○	○ |	○ |	○ |	○

달 아	달 아	밝 은	달 아	대 낮	같 이	밝 은	달 아
⦶	⦶	○ |	○	○ |	○ |	○ |	○

어 둠 속 의 불 빛 이 우 리 들 을 비 춰 주 네

⦶ ⦶ ⦶ ·············· 난타 ·············· ⦶

양손 위로 V자로

비나리 2 〈발표회용〉

발 표	회 에	오 신	분 들	안	녕	하 세	요
⦶	⦶	○ |	○	○ |	○ |	○ |	○

○	○	유 치	원	○	세	○ ○	반
⦶	⦶	○ |	○	○ |	○ |	○ |	○

국	악	잔 치	시 간	엄 마	아 빠	모 시	고
⦶	⦶	○ |	○	○ |	○ |	○ |	○

흥 겨 운 장 구 장 단 다 같 이 즐 겨 보 세

⦶ ⦶ ⦶ ⦶ ⦶ ⦶ ··········· 난타 ··········· ⦶

양손 옆으로

Tip

소고치기(별달거리장단)

궁	궁	구 구	궁	구 구	구 구	구 구	궁

구 구	궁	구 구	궁	구 구	구 구	구 구	궁

비나리 3 〈수업시간용〉

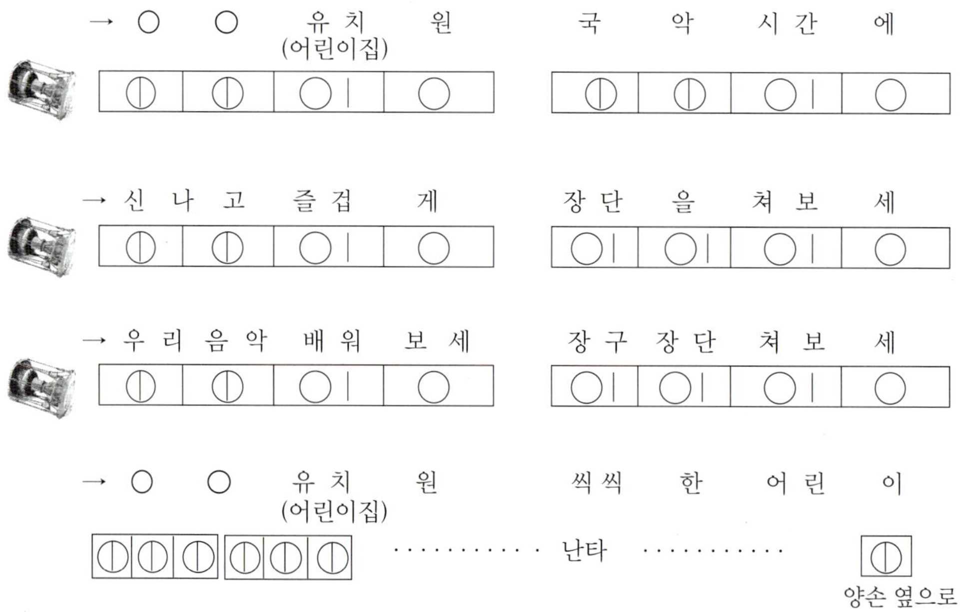

동살풀이장단

4/4박으로 된 동살풀이장단은 일명 오방진장단이라고도 한다. 호남 우도 풍물에서 나오는 동살풀이장단은 단모리장단과 박법이 비슷하나 리듬을 짧게 끊어서 치며 장구 몸동작은 한 박씩 또박하고 명료하게 쳐야 한다. 전체 몸동작은 악센트를 주며 각이 있게 쳐야 한다.

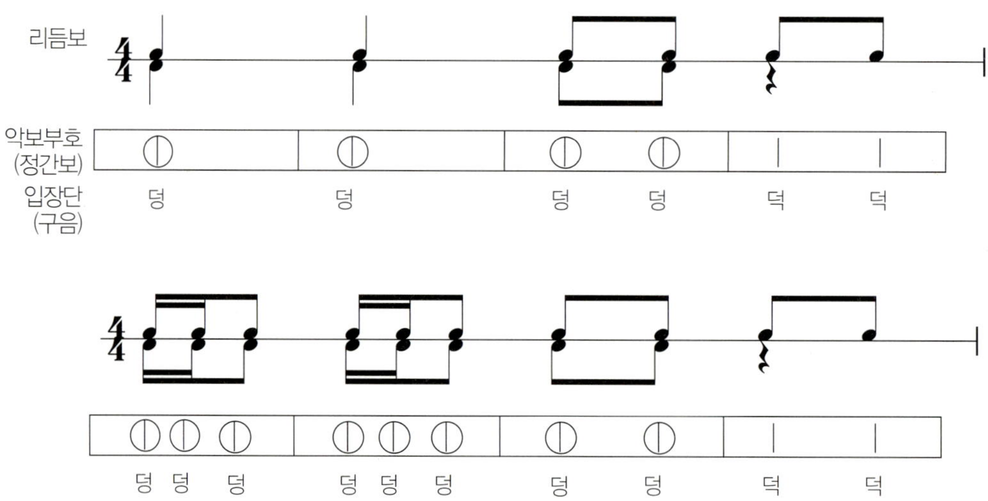

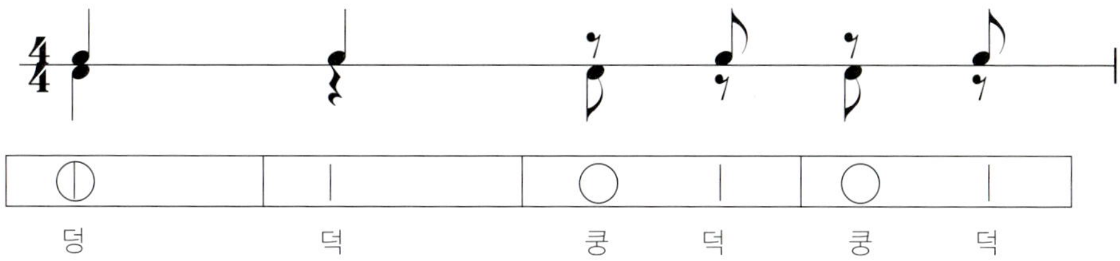

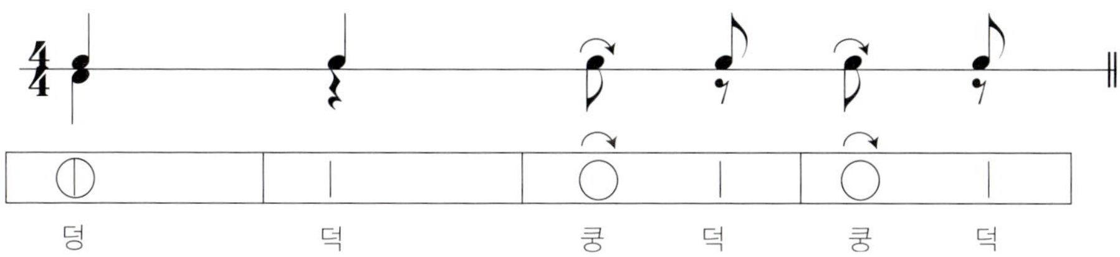

■ 말장단 놀이

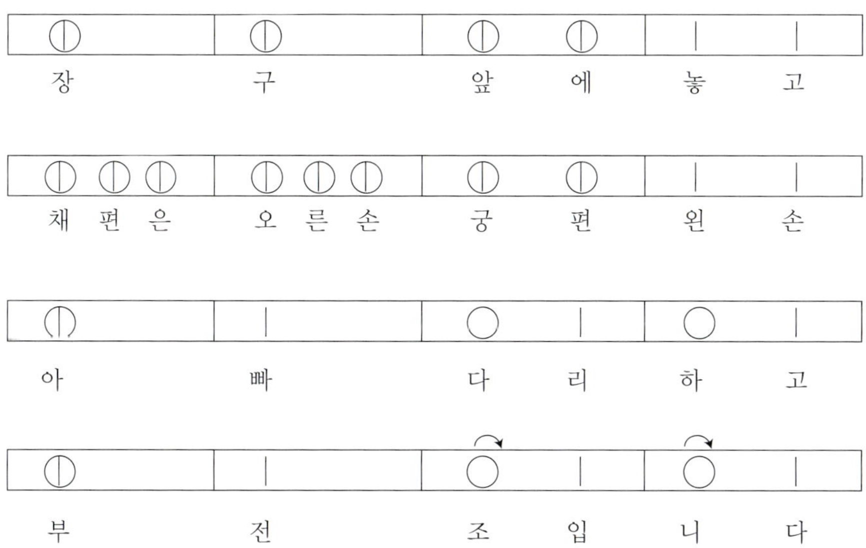

단모리장단

단모리장단은 4/4박으로 짧게 끊어서 아주 빠르게 몰아가는 장단이다. 진오방진장단과 같은 장단으로 쓰이며 경쾌하고 재미있는 장단으로 유아들이 가장 좋아하는 장단이다. 사물놀이, 풍물놀이, 동요와 기악합주, 장구합주, 민요 등에 널리 쓰인다.

리듬보

악보부호 (정간보)

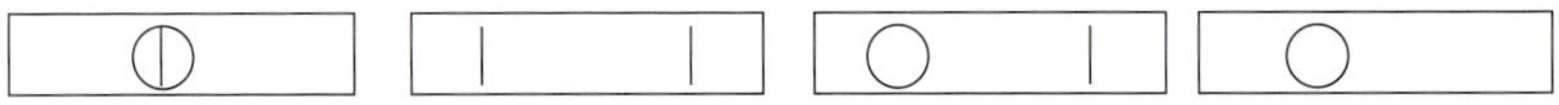

	덩	덕	덕	쿵	덕	쿵
말장단 ①	선	생	님	사	랑	해
	친	구	들	사	랑	해
	유	치	원	좋	아	요
말장단 ②	첫	박	을	강	하	게
	머	리	를	숙	이	고
	왼	손	은	들	어	서
	둥	글	게	돌	려	요

■ 도입장단

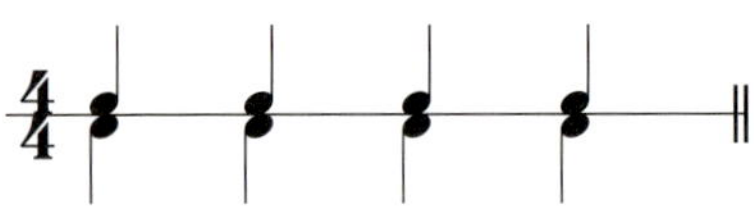

×2

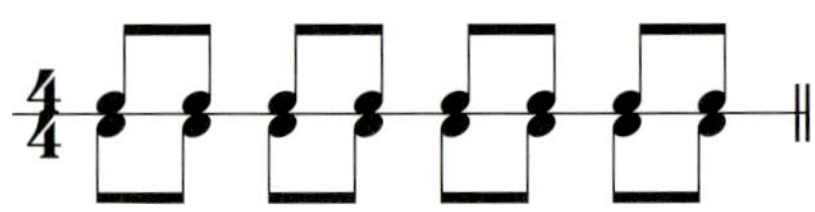

×2번

1. 

×4번 (장단)

2. 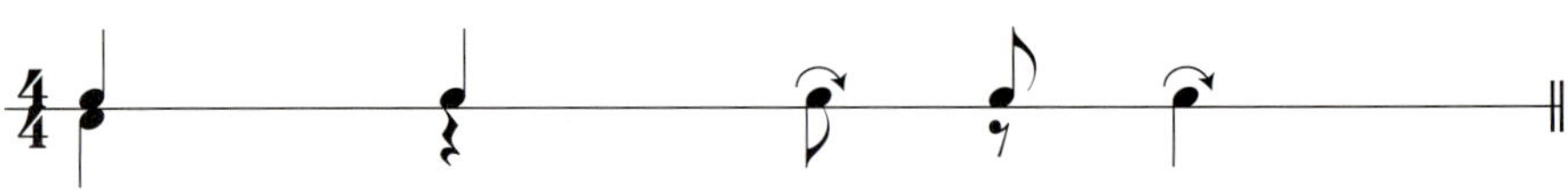

×4번

3. 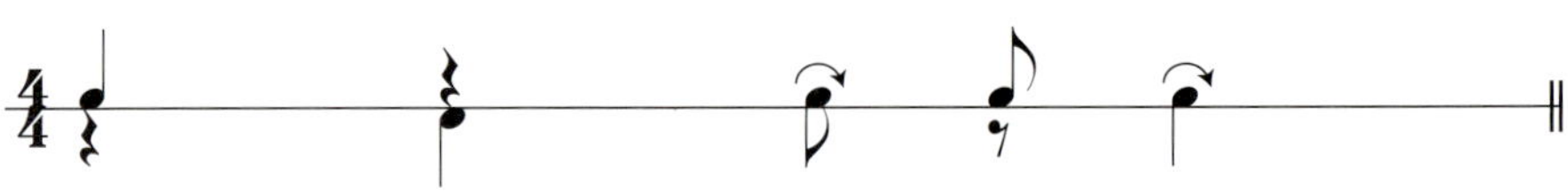

×4번

4. 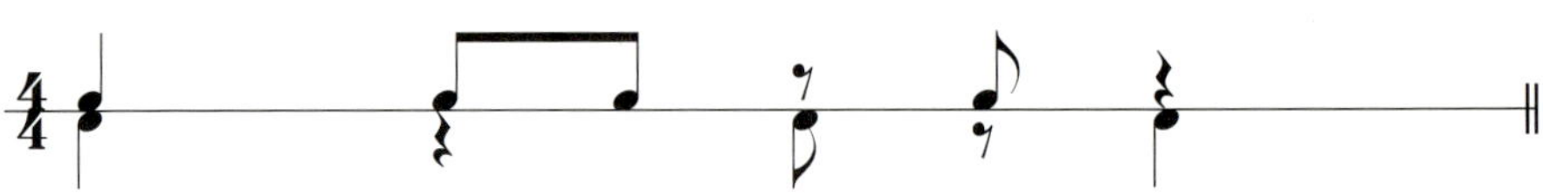

×4번

(2) 소 고

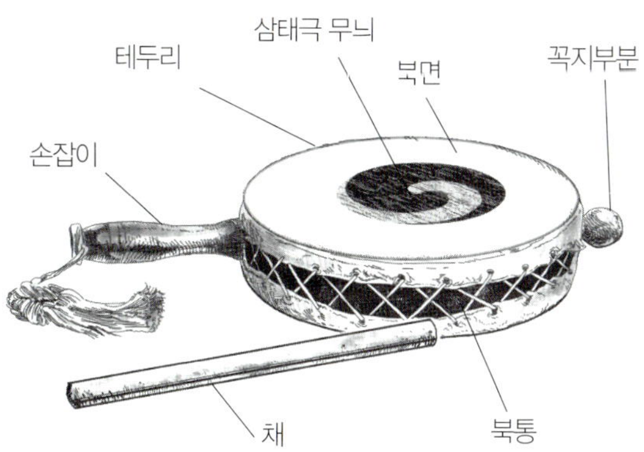

〈소고와 채〉

소고는 일명 매구북, 벅구라고도 하며, 농악과 민속무에 쓰인다. 왼손으로 손잡이를 쥐고 오른손에 작은 방망이 채를 들어 앞뒤로 두드리며 춤춘다. 소고는 작은 북소리의 악기로 손쉽게 구할 수 있고 현장에서 쉽게 사용되는 악기이다.

작고 얇은 북통의 양면에 가죽을 씌우고 북통에 손잡이를 달아서 만든 북 종류의 작은 타악기이다. 소고는 농악놀이(풍물놀이)를 할 때 장구, 꽹과리, 징, 북 뒤에서 소고잽이에 의해 춤을 추는 데서 비롯하였다. 소고는 동요의 리듬합주, 민요와 소고놀이, 소고합주, 소고춤, 민요와 타악놀이에서 춤동작과 함께 다양하게 쓰이고 있다. 작고 가볍고 손쉬운 악기이며, 동작을 나타내는 율동의 표현에 많이 쓰이기 때문에 유치원과 초등학교 저학년의 리듬악기로 활용되고 있다(정성자, 유아국악교육, 2008).

기악 합주 시에는 양악 리듬악기인 핸드드럼, 탬버린으로 병행 연주할 수 있다.

① 소고 기본동작과 타법

<굿거리장단 기본동작>

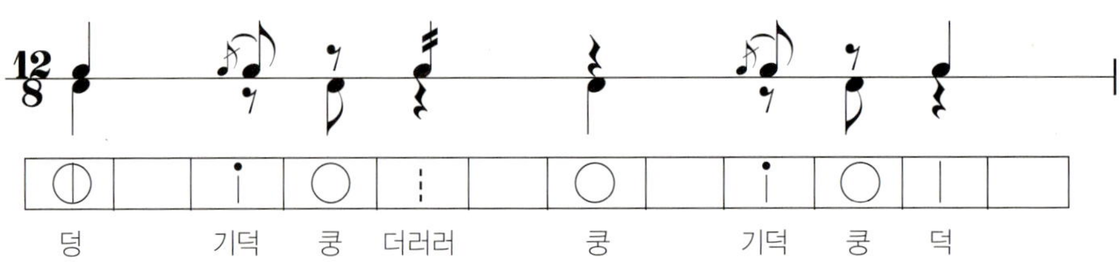

1번	양손(소고와 채)을 잡고 소고와 몸을 오른쪽으로 기울이고. (오른쪽)	호흡하면서 제자리로 온다. (가운데)	양손을 왼쪽으로 움직이고 (왼쪽)	호흡하면서 제자리로 온다. (가운데)
2번	양손을 펴서 바닥 가까이 가면서 몸을 숙이고	호흡하면서 제자리로 온다.	소고와 고개를 앞으로 숙이고	제자리로 온다.
3번	소고와 몸을 오른쪽으로 움직이고	왼쪽으로	오른쪽으로	왼쪽으로 움직인다.
4번	목과 고개를 뒤로 젖히고 소고는 얼굴 위로	제자리로	소고와 몸을 앞으로 숙이고	제자리로 온다.

<자진모리장단 기본동작>

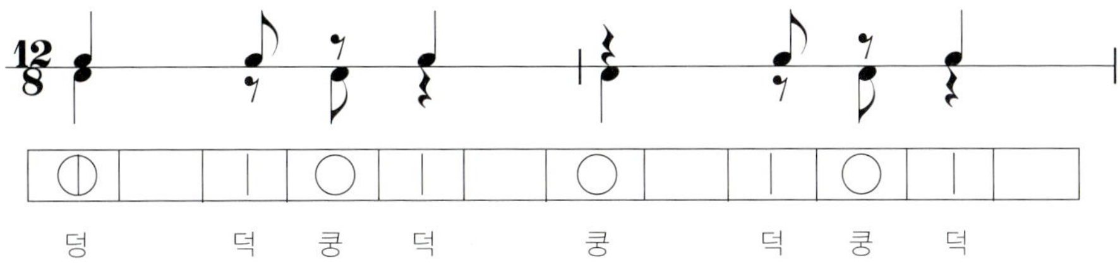

1번	소고들고 오른쪽으로 몸을 움직이고	가운데로 오고	왼쪽으로 소고와 몸을 움직이고	제자리로 온다.
2번	몸을 앞으로 많이 숙이고	제자리로 오고	소고와 고개를 앞으로 숙이고	제자리로 온다.
3번	소고와 몸을 오른쪽으로 움직이고	왼쪽으로	오른쪽	왼쪽으로 움직인다.
4번	소고는 얼굴 위로 대고 몸을 뒤로 젖히고	제자리로 오고	앞으로 숙이고	제자리로 온다.

■ **소고 잡는 동작**(사진 참고)

- 소고는 왼손으로 손잡이를 잡고 오른손에는 채를 잡는다.
- 기본 동작 시에는 소고와 채가 부딪혀서 소리 나지 않게 하기 위해 양손을 주먹쥐어 잡는다.
- 소고 잡는 손은 가슴에 너무 붙이지 말고 양팔을 살짝 들고, 가슴에서부터 떨어져서 잡아야 춤동작의 선이 산다.
- 소고 치고 양손 위로 올려서 테치기 동작.

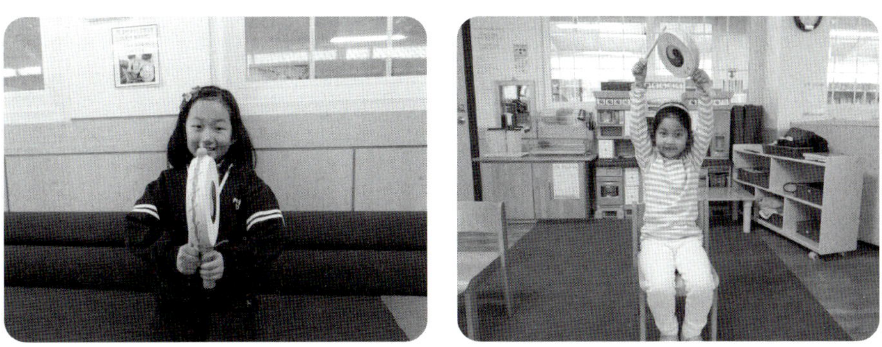

〈소고 동작〉

■ 소고 기본타법

◒ 소고 복판 치기

1.  ×4번(장단)

소고치면서 왼손을 옆으로 펴고, 오른손은 위로 들기

2.  ×4번

소고치면서 오른손은 옆으로 펴고, 오른손은 위로 들기

3.  ×4번

치면서 몸을 숙이고 들기

4.  ×4번

숙이고 들기

Tip

복판 치기와 테 치기 동작은 자진모리장단에도 적용된다.

〈복판치기 동작〉

◒ 소고 테 치기

1.
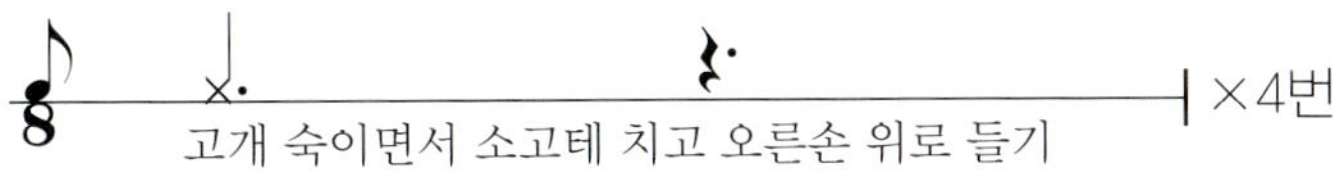

2.

3.
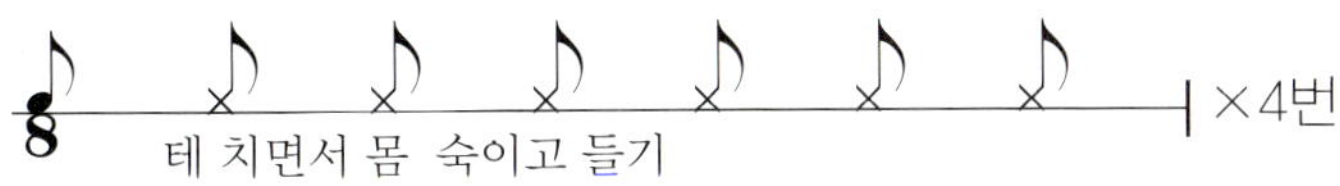

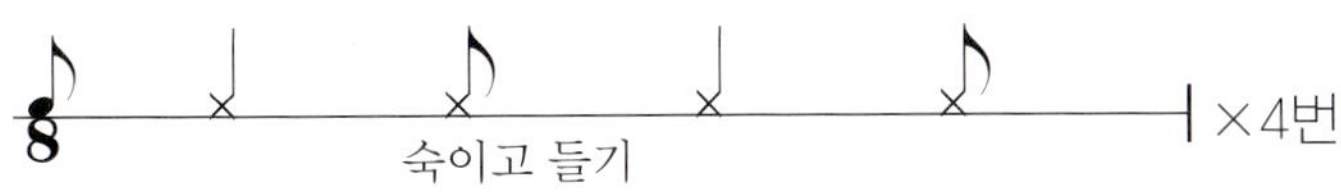

〈테치기 동작〉

② 장단치기

굿거리장단

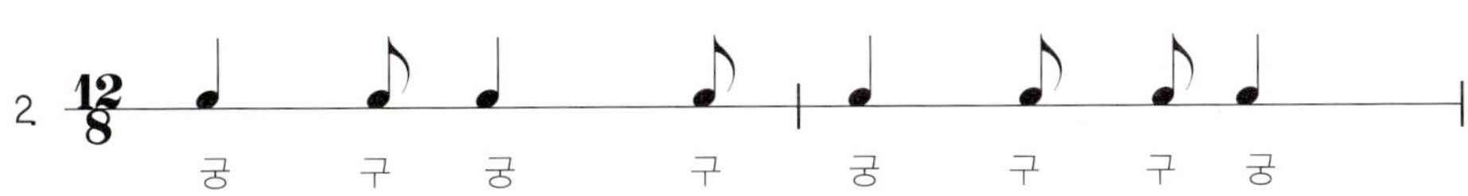

3.
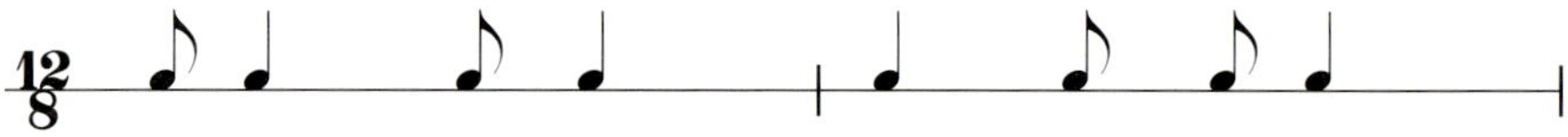

4.
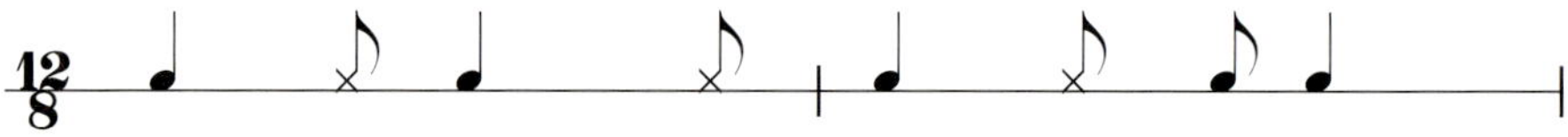

5
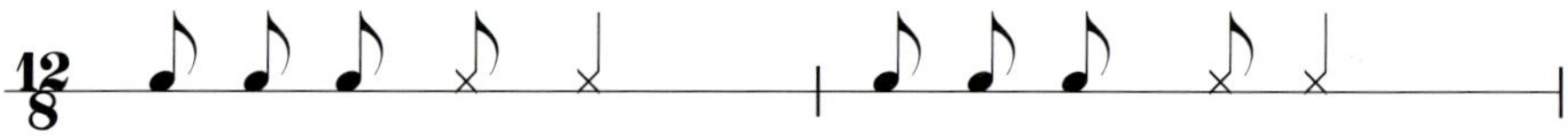

6
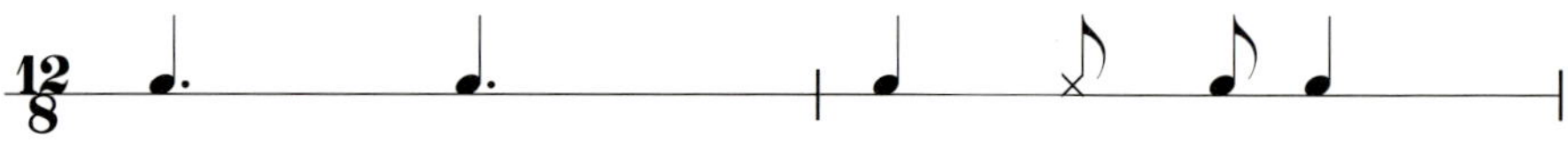

7
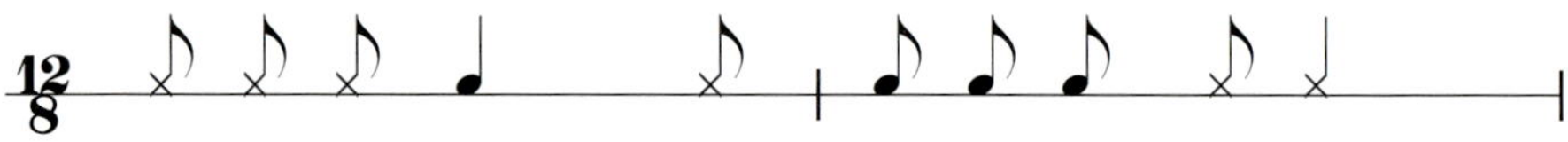

자진모리장단

1.
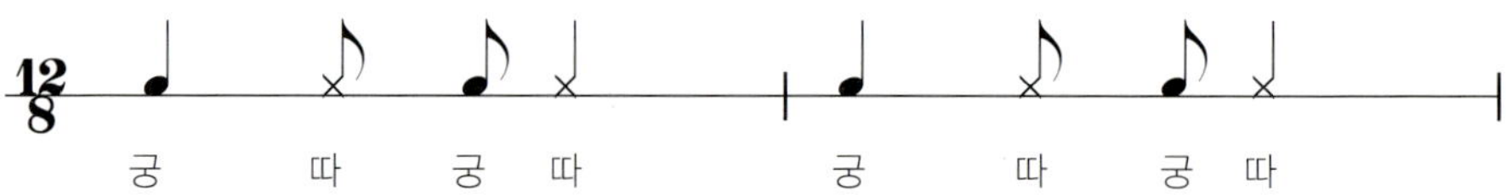

소고구음
(입소리)

2.
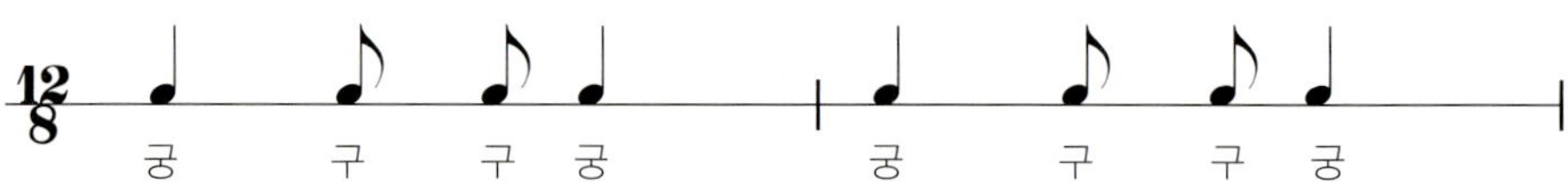

3.
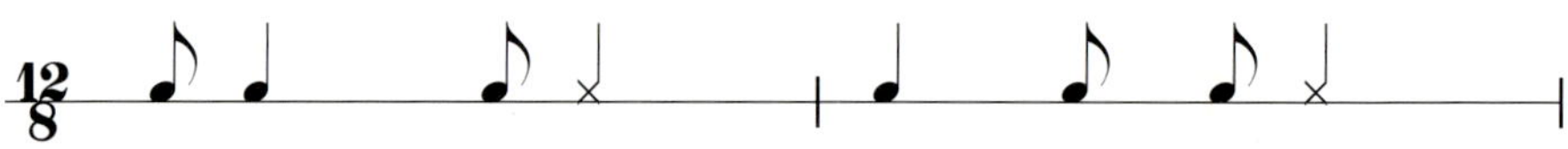

4.

5. 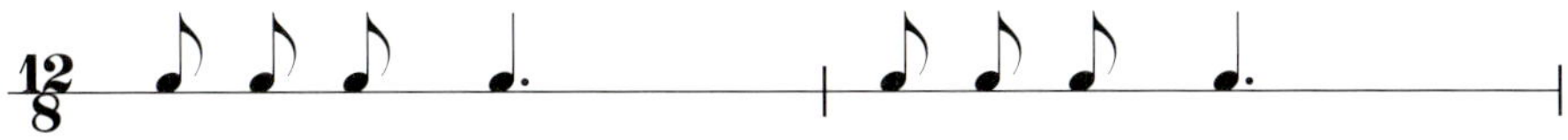

6. 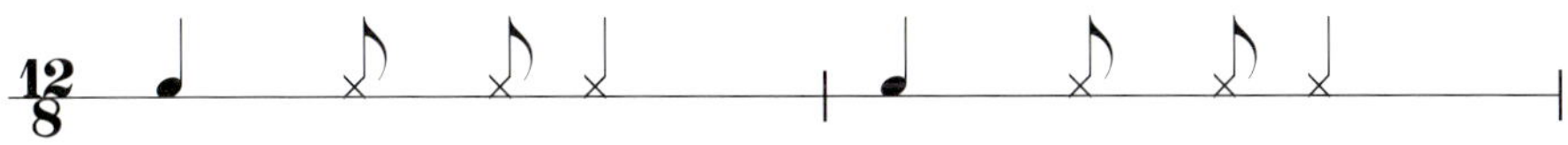

7. 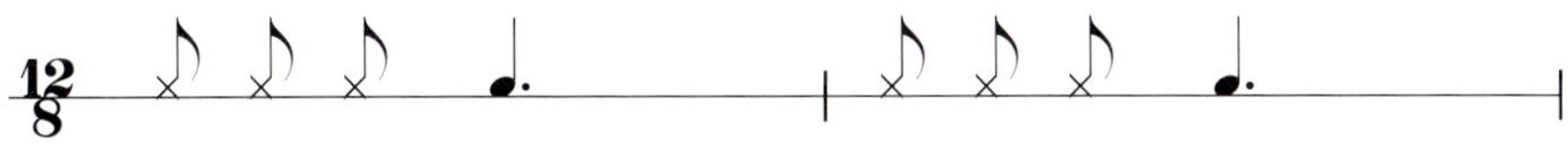

8. 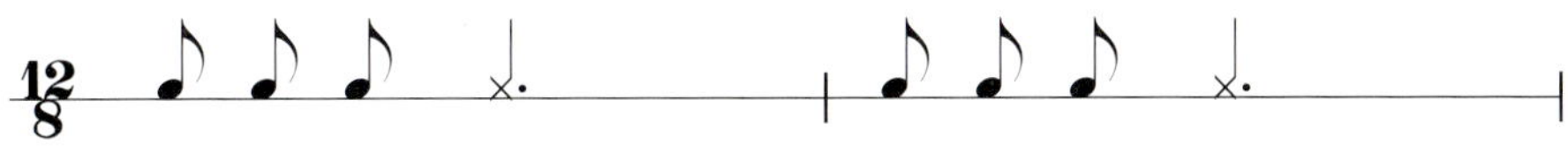

9. 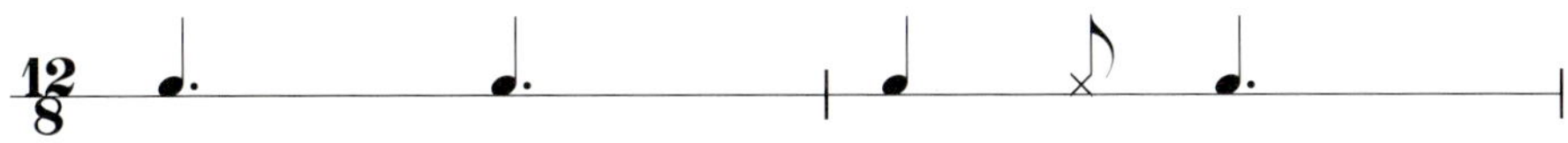

(3) 북

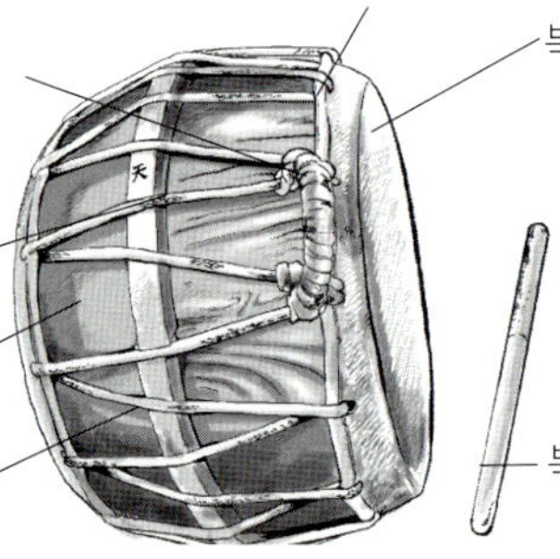

〈풍물북〉

북은 풍물북과 소리북의 두 종류가 있다. 단순하고 가장 오래된 원시적인 악기로 소리북은 판소리의 반주악기로 양쪽 윗면에 쇠단추가 달렸다. 풍물북은 북통이 가죽 끈으로 엮어져 있어서 북테면을 치게 되어 있다. 자연에 있어서 구름에 비유되는 북은 잔가락을 넣지 않고 원박만 짚어 주는 역할을 하는 힘 있는 남성적인 악기이다. 사물놀이, 풍물놀이, 기악합주, 북난타 등에 다양하게 쓰인다. 기악합주 시에는 오르프 악기인 플로어탐, 젬베, 콩가와 함께 앉아서, 서서 다양하게 북난타로 연주할 수 있다.

(4) 꽹과리

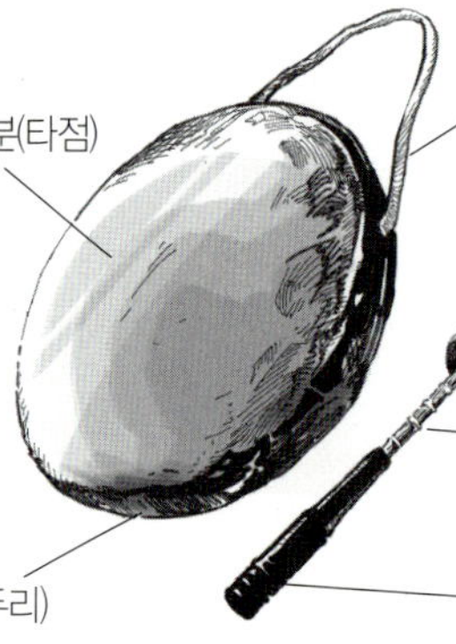

〈꽹과리〉

꽹과리는 일명 꽹매기, 또는 깽쇠라고도 부른다. 농악에서는 으뜸가는 리듬 악기로 주도적인 역할을 한다. 꽹과리를 치는 사람을 상쇠라고도 부른다. 자연의 천둥 번개로 비유되는 꽹과리는 그 음색에 따라 야물고 높은 숫꽹매기와 소리가 유하고 얇은 암꽹매기로 구분되는데, 상쇠는 숫꽹매기를, 부쇠(副錭)는 암꽹매기로 친다. 연주법은 크게 대점을 칠 때는 꽹과리 복판과 직각으로 하며 잔가락을 칠 때는 복판과 나란히 굴려 친다. 소리를 울려 칠 때는 왼손 바닥을 꽹과리 안 복판에서 떼고 치고 소리를 뚝뚝 끊어칠 때는 왼손 바닥을 꽹과리 안 복판에 대고 친다.

(5) 징

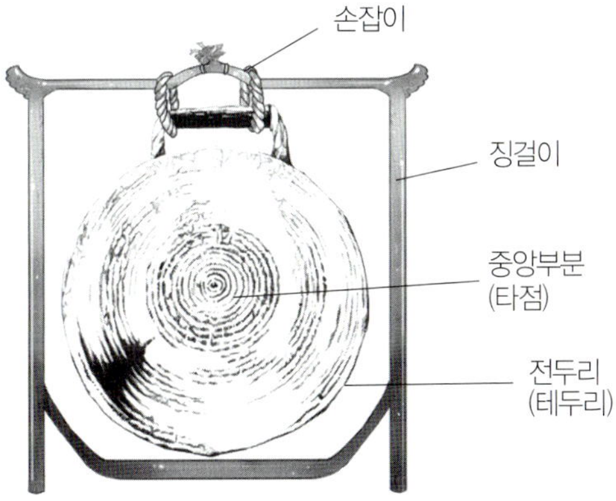

〈징〉

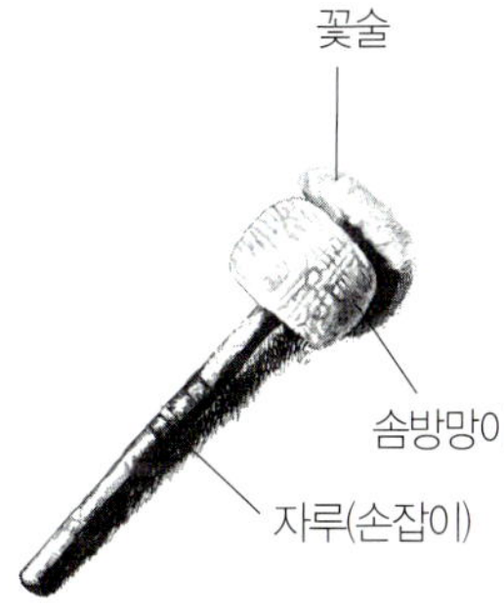

〈징채〉

바람으로 비유되는 징은 일명 정, 나, 금(金)이라고도 하는데, 대취타, 범패, 농악, 무악 등에 쓰인다. 농악에서는 매 장단 첫 박에 많이 치는 타악기이며 전체 악기의 잔가락을 감싸주는 역할을 한다. 이 악기를 연주할 때는 왼손으로 징의 손잡이를 잡으며 오른손으로 징채를 들고 징의 복판을 친다. 유아는 징을 들고 치기에는 무거운 악기이므로 징걸이를 사용하는 것이 효과적이다. 사물놀이, 풍물놀이 기악합주 등에 쓰인다.

(6) 자바라

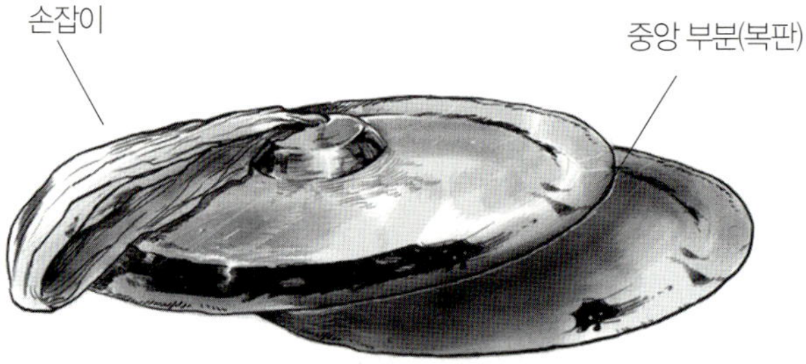

〈자바라〉

자바라는 일명 바라 또는 제금이라고도 부른다. 대취타, 범패, 무악 등에 쓰이는데, 범패를 할 때는 바라춤의 무구(無具)로도 쓰인다. 기악합주 시에 자바라는 첫 박에 강박으로 사용되며 유사성 악기인 심벌즈로 연주할 수 있다.

(7) 박

〈박〉

6개의 편목의 위를 꿰어 만든 것으로, 벌렸다가 오므리면서 소리내는 박은 음악이 시작할 때 한 번 치고 그칠 때 세 번 친다. 또 악절의 변화에도 이를 쳐서 연주자에게 알리기도 하기 때문에 지휘 역할도 겸하고 있다. 기악합주 시 오르프 악기의 도마뱀 크래커와 함께 병행 연주할 수 있다.

(8) 목 탁

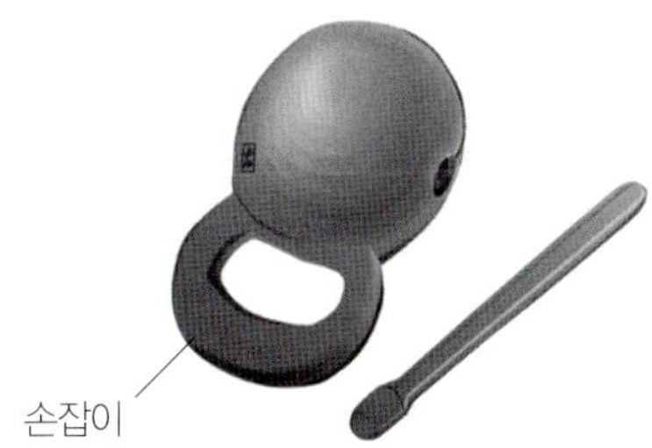

〈목탁〉

목탁은 원래는 악기 범주에 들지 않고 산사에서 스님들이 독경할 때 쓰이던 종교적인 도구였으나 맑고 고운 음색을 지니고 있고 크기에 따라 각기 다른 음을 나타내기 때문에 현대에 와서는 좋은 타악기의 하나로 각광을 받고 있다. 나무 소리가 나는 악기로 기악합주 시 오르프 악기인 틱탁블록으로 대치할 수 있다.

3) 악기 소리의 유사성

오르프는 말의 패턴에서 리듬 활동으로, 리듬 활동에서 노래부르기 단계로 이동하는 것이 자연스러운 학습 과정으로 보았다(윤영태, 정윤선, 오르프 접근법과 악기 앙상블, 2005). 우리나라 음악에서는 말에서 장단으로 연결되는 자연스럽고 흥겨운 리듬 활동과 같은 학습 과정이라 할 수 있다. 다양한 장단의 구음(입소리)에 신체 리듬과 적합한 신체표현 활동 즉, 한국 춤동작의 조화는 우리나라 음악의 멋과 흥을 나타내기 때문이다. 국악은 장단의 언어리듬 즉, 말장단은 복잡한 리듬을 쉽게 터득할 수 있다. 언어리듬은 우리나라의 모국어를 사용하며 이는 리듬에서 장단으로 발전되는 출발점이 된다. 유아의 리듬 학습은 우리나라의 각 장단을 말할 수 있는데 이는 리듬 타악기로 연주된다. 유아가 사용할 수 있는 국악 타악기는 장구, 북, 징, 꽹과리의 사물악기 외에 자바라, 소고, 박, 어, 축, 부, 목탁으로 분류되나 유아가 사용할 수 있는 악기는 사물악기 외에 소고, 바라, 목탁을 사용할 수 있다.

누구나 쉽게 연주할 수 있는 원시적인 매력을 지닌 리듬 타악기는 국악기와 소리의 유사성을 지닌 서양 리듬 악기로 합주가 가능하다. 국악 리듬 악기와 서양 리듬 악기 소리의 유사성은 유아들에게 국악과 양악기의 차이점과 소리의 비교, 비슷한 소리의 관계성으로 더욱더 국악기에 대한 친밀감을 갖게 한다. 또한 소리의 유사성은 국악과 양악기의 자연스러운 조화와 더불어 흥미로운 교육으로 인도할 수 있다.

4) 국악기와 Orff 악기 소리의 유사성

악기 소리 유사성의 비교는 국악기와 양악기의 음색과 모양이 비슷한 형태로 분류하였다. 국악기와 Orff 악기 소리의 유사성은 다음과 같다.

국악기	Orff악기
장구	유아북(Kid Drum)
북	플로어탐(Plowtom) 젬베(Djembe) 콩가(Conga) 키즈드럼
꽹과리	행잉심벌(Hanging cymbal)
징	차이니스공(Chinese gong)
소고	핸드드럼(Hand drum)
바라	심벌즈
박	도마뱀 크래커(Lizard Cracker)
북채	클레이브스(Claves Ⅰ) 클레이브스(Claves Ⅱ)
목탁	틱탁블록(tictak block)

〈Orff 악기〉

〈키즈드럼〉

〈플로어탐〉

〈젬베〉

〈콩가〉

〈행잉심벌〉

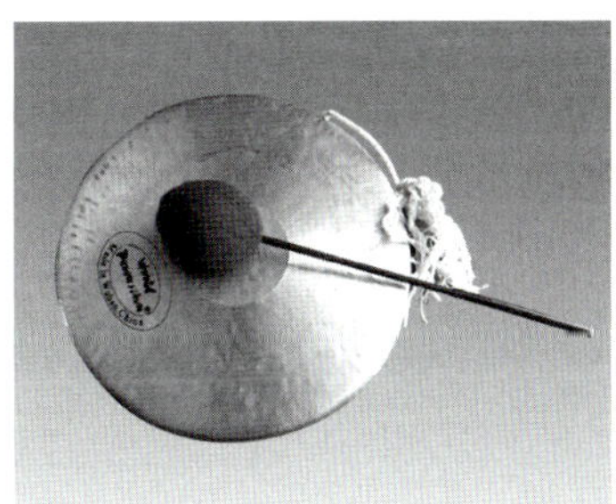

〈차이니스공〉

〈클레이브스〉

〈핸드드럼〉

출처: 윤영배. 유아, 초등 음악 학습을 위한 오르프(Orff)접근법과 악기 앙상블. 2005. 창지사.

(1) 장단치기

굿거리장단

<Off 악기는 채로 치기>

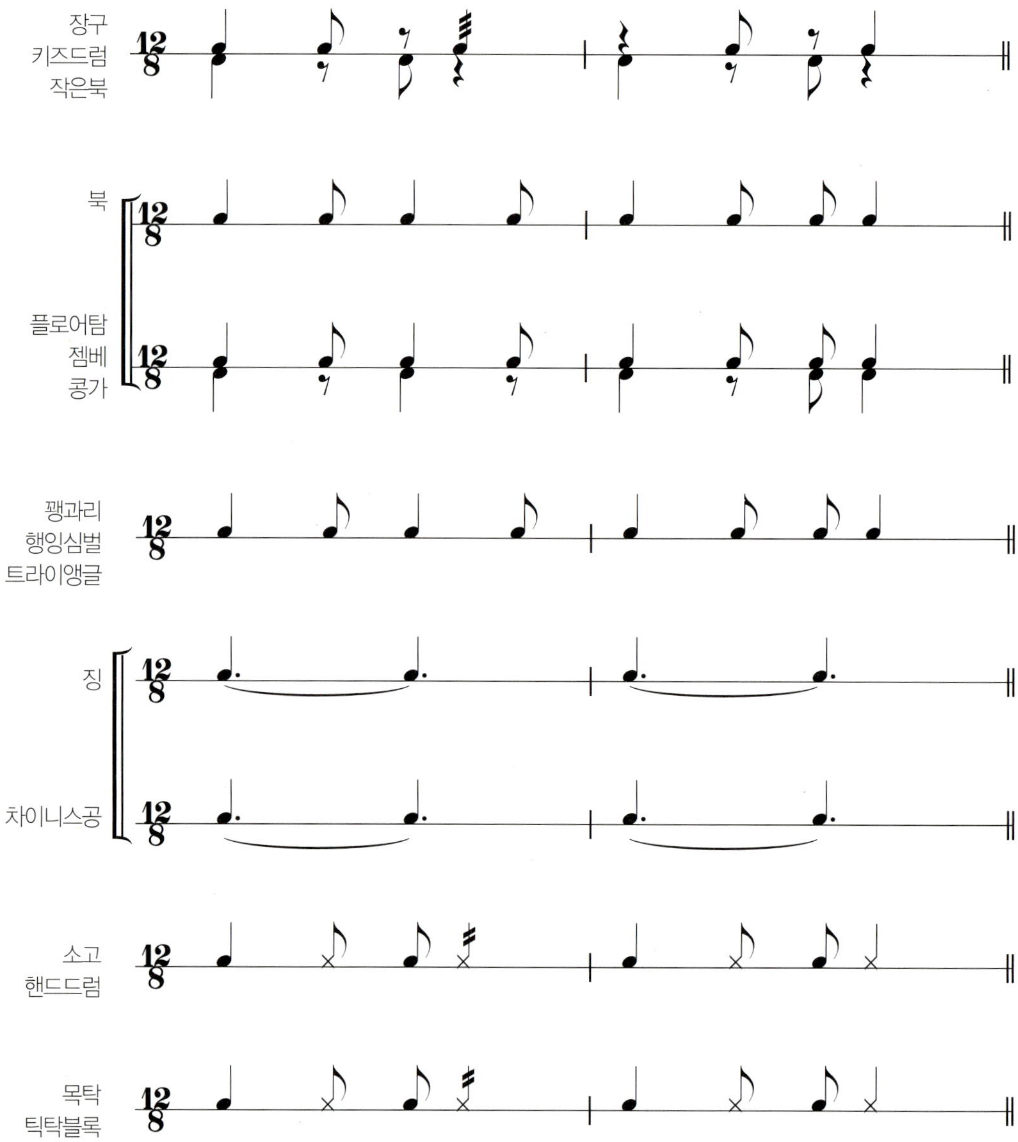

자바라
심벌즈

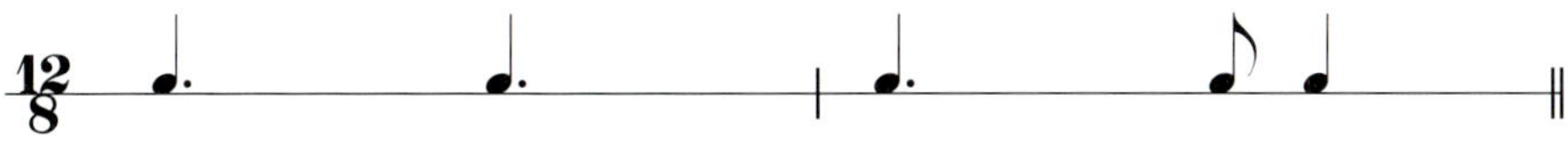

북채(2개)
클레이브스

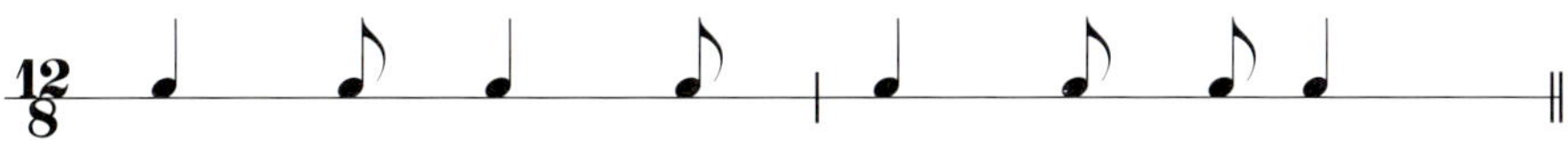

세마치장단

장구
키즈드럼
작은북

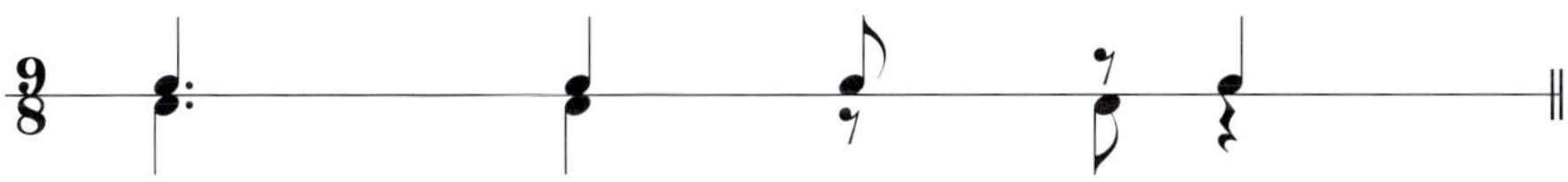

북
플로어탐
젬베
콩가

꽹과리
행잉심벌
트라이앵글

징
차이니스공

소고
핸드드럼

목탁
틱탁블록

자바라
심벌즈

북채(2개)
클레이브스

자진모리장단

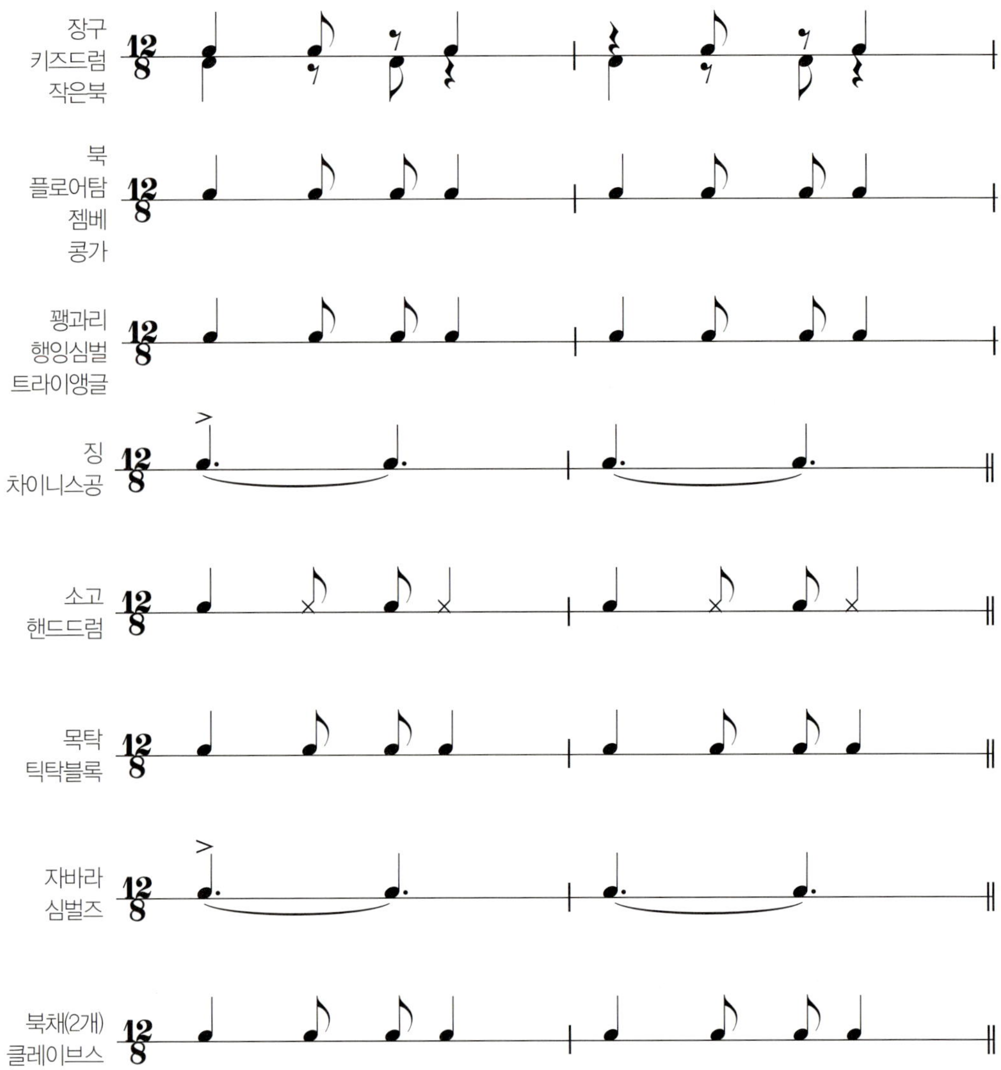
장구
키즈드럼
작은북
12/8
북
플로어탐
젬베
콩가
12/8
꽹과리
행잉심벌
트라이앵글
12/8
징
차이니스공
12/8
소고
핸드드럼
12/8
목탁
틱탁블록
12/8
자바라
심벌즈
12/8
북채(2개)
클레이브스
12/8

단모리장단

장구
키즈드럼
작은북

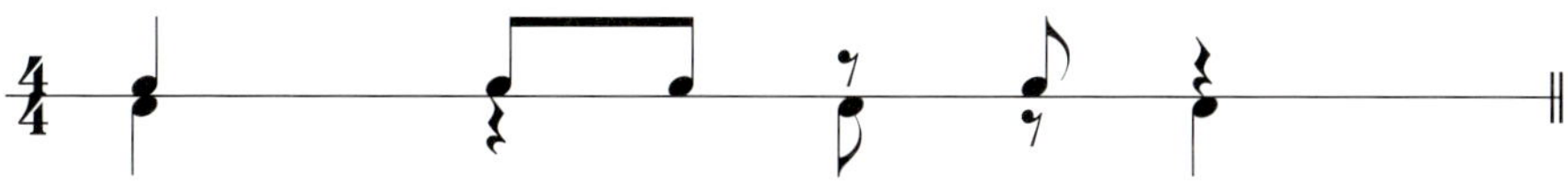

북
플로어탐
젬베
콩가

꽹과리
행잉심벌
트라이앵글

징
차이니스공

소고
핸드드럼

목탁
틱탁블록

자바라
심벌즈

북채(2개)
클레이브스

확장활동

- 국악기와 Orff 악기를 각 장단의 변형 장단을 활용하여 합주한다.
- 국악동요와 기악합주에 활용한다.

Tip

이외에도 서양 리듬 악기인 큰북, 작은북, 트라이앵글, 캐스터네츠, 탬버린, 심벌즈를 국악기의 소리의 유사성으로 음악과 더불어 장단합주를 할 수 있다.

4 유아의 노래

1) 국악 동요와 실제

(1) 국악동요와 피아노 반주법

우리나라 음악은 서양 음악처럼 화성적 진행이 발전되지 않은 선율을 바탕으로 한 음악이다.

음 하나하나에 미세한 변화를 주어 음을 흘리거나 떠는 것을 특징으로 하는 음악이기 때문에 고정된 음으로 된 피아노로 연주하는 것은 제맛이 나지 않는 점이 있다.

그러나 세계적인 교육 추세도 무시할 수 없으므로 모든 교육 현장과 마찬가지로 우리 음악도 새로운 관점에서 재창작되어야 할 것이다. 특히, 유아들의 국악 교육을 위해서는 교육 기관인 유치원이나 초등학교의 실태에 맞는 프로그램이 창작되어야 한다.

피아노 반주와 장구 장단을 조화있게 하기 위해서는 피아노로 우리 음악의 특징을 잘 살려야 한다. 즉, 첫 박자에 악센트를 주고 요성(떠는 소리)은 트릴 주법으로, 퇴성(흘러 떨어지는 소리)은 음과 음 사이를 이어서 친다.

화성은 약간의 어울리는 음을 사용함으로써 극히 단순한 선율을 화성화시킬 수 있다. 즉, 5음계의 선율에서 나오는 5음을 사용하여 화성화하는 방법이다. 음을 화성화하는 서양음의 3화음보다는 2성이 적합하다고 본다. 3화음은 가끔 사용하는 것이 더 효과적이다.

왼손은 주로 옥타브를 사용함으로써 단조로움에서 오는 지루함을 피하기 위해 자유자재로 다양한 국악 리듬을 창출할 수 있다. 장구의 리듬을 오른손과 교대로 반주하며 음과 리듬의 조화를 갖게 함으로써 국악 특유의 맛을 느끼게 한다. 국악을 피아노로 반주할 때 주의해야 할 것은 약간의 화성과 장구장단을 리듬화하는 것이 중요하다(정성자, 어린이 국악교육의 실제, 1994).

아무쪼록 우리의 가락인 국악을 교육시키기에 시급한 문제인 국악동요의 반주가 현장에서 실질적인 도움이 되기를 바란다. 동요를 각 장단별 피아노 반주로 악보화하면 다음과 같다.

– 정성자 창작곡(국악동요) –

<각 장단의 분류>

① 굿거리장단

사랑하는 엄마 아빠

어깨춤

쿠 쿵 쿵 – 발 을 –굴 리 자 장 구 –소 리 에 발 맞 추어
꽤갱– 쨍 쨍 꽤갱– 쨍 쨍 쨍 과 리장 단 에 발 맞 추어
어 얼 사 좋 다 좋 – – 아 어 깨 춤 이 절 로난 다

개구리

6/8
펄 쩍펄 쩍 개 -구 리 풀 -밭 을 뛰 어노 네
펄 쩍펄 쩍 개 -구 리 개 굴개 굴 노 래하 네
펄 쩍펄 쩍 뛰 어 오르니 긴 -다 리 나 -아 왔 네
펄 쩍펄 쩍 뛰 어 오르니 높 이뛰 기 잘 -도 하 네

손을 씻어요

할머니 안경

시골집

지 붕 에 는 조 롱 박 이 으 으 으 홍 열 – 렸 네

가야금 타령

바닷가

출 렁 이 는 파 도 소 리 바 위 치 는 하 얀 거 품
끼 륵 끼 륵 끼 륵 끼 륵 쏴 아 – 철 – – 썩

② 세마치장단

귀뚜라미

귀 뚤귀 뚤 귀뚤귀 뚤 또 르르 르 또 -르 -르
귀 뚤귀 뚤 귀뚤귀 뚤 또 르르 르 또 -르 -르

하 루 종-일-- 노-래-하 네
예 쁜 소-리-로 노-래-하 네

뱃노래

3
3
4
에헤 야 아 데 에 야 -아 배떠나는 - 소 - 리
에헤 야 아 데 에 야 -아 배떠나는 - 소 - 리
수 - 평 선 너 - - 머 로 어 기 -여 - 차
출 렁 이 는 물 -결 위 로 어 기 -여 - 차
에헤 야 아 데에 야 아 배- 떠 - 나는 소리
에헤 야 아 데에 야 아 배- 떠 - 나는 소리

③ 자진모리장단

유치원 가자

선 생 님 이 우 리 를 기 다 리 신 다
친 구 들 이 우 리 를 기 다 리 － 네
흥 － 겨 운 노 래 를 배 우 러 가 자

봄바람

여 보 세 요 여 보 세 요 이 제 그 만 일 어 나 요
여 보 세 요 여 보 세 요 이 제 그 만 일 어 나 요

봄 바람 이 왔 어 요 버 드 나 무 아 저 씨
봄 바람 이 왔 어 요 개 ㅡ 나 리 아 가 씨
어 서어 서 일 어 나 서 파 란 싹 을 피 우 세 요
어 서어 서 일 어 나 서 노 란 싹 을 피 우 세 요
여 보 세 요 여 보 세 요 봄 이 왔 어 요
여 보 세 요 여 보 세 요 봄 이 왔 어 요

누룽지

물 을 넣 고 끓 여 서 숭 늉 처 – 럼 마 시 자
2.
마 – 시 자 마 시 자 누 룽 지 물 을
마 – 시 자 마 시 자 누 룽 지 물 을

④ 단모리장단

악기 소리

장 구는덩덕쿵덕 북 –은덩덕덩덕 꽹과리는꽤갱깽갱
목 탁은똑딱똑딱 소 고는덩덕덕덕 바 라는쨍 쨍 징 은–징–징–
바 라는딱–딱– 떵 쿵 덩덕쿵덕 꽤갱– 딱딱딱딱 쨍 쨍 징 징

악 기 소 리 어 울 리 니 어 깨춤 이 절 로난 다 –

엄마돼지 아기돼지

4/4
토 실 아 기 돼 지 꿀 꿀 꿀 꿀 젖 – 달 라 고 꿀 꿀 꿀꿀꿀꿀
통 실 엄 마 돼 지 꿀 꿀 꿀 꿀 맘 마 먹 자 고 꿀 꿀 꿀꿀꿀꿀

엄 마 돼 지 꿀 꿀 꿀 꿀 오 – 냐 오 냐 꿀 꿀 꿀 꿀
아 기 돼 지 꿀 꿀 꿀 꿀 맛 – 있 다 고 꿀 꿀 꿀 꿀

(2) 놀이활동

– 정성자 창작곡(국악동요) –

꼬부랑 할머니

활동소개

가족의 중요성을 알게 하고 할머니에 대한 사랑을 느끼고 어른을 잘 모실 수 있는 마음가짐을 갖게 한다.

활동자료

국악동요 CD나 피아노(반주), 지팡이 2개, 가사판(동요 PPT).

도 입

- 가족의 구성원을 알아본다.
- 엄마와 할머니의 관계성을 설명한다.
- 사랑하고 존경하는 마음을 알아본다.
- 할머니에 대한 여러 가지 모양과 동작을 해 본다.

※ 놀이활동에 나오는 동요들은 정성자의 창작곡임.

활동방법

① 가사를 읽어 본다.

② 노래를 불러 본다.

③ CD를 들려 준다.

게임놀이

- 교사는 게임놀이에 대해 설명을 한다.
- 2명의 유아 중 1명은 집 그림을 들고 서 있고 1명은 공원 그림을 들고 서 있는다.
- 각 팀의 2명의 유아는 지팡이를 짚고 할머니가 되어 본인이 좋아하는 집이나 공원을 선택하여 간다.
- 꼬부랑 할머니 음악이 시작되면 노래에 맞춰서 2팀의 유아들이 출발한다.
- 집과 공원 중에 많이 간 유아들이 이기게 된다.

꼬부랑 할머니

굿거리

손을 씻어요

활동소개

원에서 청결생활 지도의 동요로 식사와 간식을 먹기 전에 손을 씻어야 하는 기본생활 습관을 노래를 통해 자연스럽게 익힌다.

활동자료

국악동요 CD나 피아노(반주), 가사판(동요 PPT).

도 입

- 신체 중에 매일 씻어야 할 부분을 알아본다. (얼굴, 손, 발)
- 음식을 먹을 때 씻어야 할 부분인 손에 대하여 설명한다.
- 손을 씻을 때 사용되는 비누와 액체 물비누에 대해 알아본다.

활동방법

① 노래 가사말을 익힌다.

② 동요 CD나 피아노 반주로 노래해 본다.

손동작

- 우리는 손을 씻어요 — 옷을 걷은 후 손 씻는 동작하기.
- 비누로 손을 씻어요 — 비누칠하는 동작하기.
- 우리는 매-일 깨끗이 — 손뼉치고 오른손 귀 뒤로 돌리고
손뼉치고 왼손 귀 뒤로 돌리기.
- 두 손을 깨끗이 씻어요 — 양손을 들고 손 씻는 동작하기.

손을 씻어요

식사기도

활동소개

국악풍의 식사기도 노래를 해 봄으로써 일상생활에서의 국악 도입을 자연스럽게 적용한다. 또한 노래와 감사 기도의 조화를 느껴 본다.

활동자료

국악동요 CD나 피아노(반주), 가사판(동요 PPT).

도 입

- 식사기도 노래의 종류에 대해 알아본다.
- 국악동요인 식사기도를 들려 준다.
- 기도하는 모양을 해 본다.

활동방법

① 왼손과 오른손을 대고 기도하는 자세로 몸을 오른쪽, 왼쪽으로 흔들어 본다.

② 기도하는 자세로 몸을 위아래로 숙여 본다.

<노래활동>

날마다 우리에게 양식을 주시고

→기도 자세로 몸을 아래, 위로 숙이고 든다.

은혜로우신 아버지 늘 감사합니다.

→기도 자세로 몸을 오른쪽, 왼쪽으로 흔든다.

Tip

우리나라 춤동작으로 연결할 수 있다–굿거리장단.

식사기도

금붕어

활동소개

국악동요를 통해 단모리 장단의 리듬을 느끼고 장단에 맞는 금붕어의 동작을 신체로 표현함으로써 국악동요를 재미있게 접목할 수 있다.

활동자료

국악동요 CD나 피아노(반주), 금붕어 그림, 가사판(동요 PPT).

도 입

- 금붕어에 대해 알아본다(색깔, 먹이 등).
- 금붕어가 어떻게 움직이는지 몸으로 표현해 본다.

활동방법

[창조적 표현활동 놀이]

① 교사가 금붕어의 춤 동작을 시범해 본다.
② 자유롭게 금붕어의 모습을 표현해 본다.
③ 어항의 모양을 표현해 본다.
④ 금붕어의 까불춤을 표현해 본다.
⑤ 금붕어가 여러 모양으로 움직이는 모습을 다양한 춤사위로 활용해 본다.

확장활동

- 어항 속에 사는 물고기는 어떤 것이 있는지 알아본다.
- 물고기의 이름을 바꾸어서 접목한다.
- 물고기에 따른 다양한 동작을 표현해 본다.

금붕어

단모리

즐거운 우리집

활동소개

가정에서의 엄마 아빠의 웃음소리를 알아보고 행복한 가정을 묘사하고 표현해 본다. 동요로 엄마 아빠로 나누어 놀이해봄으로써 가정의 소중함을 알아본다.

활동자료

국악동요 CD나 피아노(반주), 가사판(동요 PPT).

도 입

- 우리집에 대해 알아본다.
- 가족사항을 얘기해 본다.
- 아빠 웃음소리를 표현해 본다.
- 엄마 웃음소리를 표현해 본다.

활동방법

① 여아와 남아로 나누어 앉는다.

② 남아는 아빠 웃음소리, 여아는 엄마 웃음소리로 동작을 표현해 본다.

하하 아빠 웃음소리	고개를 흔들면서 씩씩하게 웃는 모습을 한다.
호호 엄마 웃음소리	입가에 두 손을 모으고 웃는 모습을 한다.
싱글벙글 웃음소리	얼굴 앞에 양손을 대고 고개를 오른쪽, 왼쪽으로 흔든다.
우리집 아침은 시작된다	양손으로 원을 만든다.
하아! (2절 후)	양손 앞뒤로 흔들면서 "하아" 외치면서 V자를 만든다.

즐거운 우리집

엄마손

활동소개

전래동요의 자장가와 같이 어린이들이 아플 때 엄마가 자녀의 몸을 만져주면 회복되는 유아의 심리를 담은 동요를 놀이형태로 묘사한다.

활동자료

국악동요 CD나 피아노(반주), 가사판(동요 PPT).

도 입

교사는 다음과 같은 질문으로 도입한다.

- 아플 때 가족 중 누가 먼저 생각나나요?
- 배 아플 때 누가 주물러 주나요?
- 가족 중 누가 나를 가장 잘 보살펴 주나요?

활동방법

① 노래 가사말을 익힌다.

② 노래를 익힌다.

③ 유아 2명씩 짝을 지어 마주 본다.

④ 1명은 무릎 위에 머리를 대고 눕는다.

⑤ 동요를 들으며 친구의 배를 쓰다듬어 준다.

⑥ 짝을 바꾸어서 반복한다.

흔들어봅시다

활동소개

국악동요 가사말에 나오는 여러 가지의 춤 동작과 신체활동을 해 봄으로써 건전한 몸과 정신을 기르고 한국춤의 흐름을 알아본다.

활동자료

국악동요 CD나 피아노(반주), 가사판(동요 PPT).

도 입

- 한국춤 동작의 형태를 알아본다.
- 어깨춤, 엉덩이춤을 추어 본다.
- 발을 굴러 본다.

활동방법

에헤야 디여 몸을 흔들어 봅시다 (다같이 노래를 부른다.)

어 얼 씨 구 저 얼 씨 구

→ 양손을 허리 위에 대고 오른쪽 왼쪽으로 흔들기

어 깨 를 흔 들 고

양팔 펴서 어깨 흔들기

어 얼 씨 구 저 얼 씨 구

→ 양손을 허리 위에 대고 오른쪽 왼쪽으로 흔들기

엉 덩 이 를 흔 들 고

엉덩이 흔들기

쿠 쿠 쿵 쿠 쿠 쿵

→ 오른발을 굴리기

발 을 구 르 자

양발을 구르면서 뛰기

어 얼 씨 구 저 얼 씨 구

→ 양손을 허리 위에 대고 오른쪽 왼쪽으로 흔들기

손 을 흔 들 고

양손을 위로 흔들기

에 헤 이 야 데 헤 이 야

→ 양팔을 옆으로 펴서 흔들기

팔 을 흔 들 고

양팔 흔들기

뱅 뱅 돌 아 봅 시 다

→ 양팔을 들은 모양에서 뱅뱅 돌기

확장활동

[자진모리장단 민요에 맞추어 춤동작 하기]

- 어깨춤 추기
- 엉덩이춤 추기
- 양손 앞뒤로 흔들기
- 양팔 펴서 위로 올려서 돌기

흔들어봅시다

무장단
에 헤 아 디 여 – 몸 을 흔 들 어 봅 시 다
자진모리
어 얼 씨 구 저 얼 씨 구 어 – 깨 를 흔 – 들 고
어 얼 씨 구 저 얼 씨 구 엉 덩 이 를 흔 여 – 들 고
쿠 쿵 쿵 쿵 쿠 쿵 쿵 쿵 발 – 을 구 르 자
어 얼 씨 구 저 얼 씨 구 손 – 을 흔 들 고
에 헤 이 야 데 헤 이 야 팔 – 을 흔 들 고
떼 엥 – – 배 엥 – – 돌 아 봅 시 다 –

수박 노리

[시장놀이]

활동소개

여름에 부르는 과일 노래로 수박이나 수박모형을 만들어 노래하면서 동작놀이를 하는 활동이다.

활동자료

국악동요 CD나 피아노(반주), 수박 또는 그림, 수박모형, 가사판(동요 PPT).

도 입

- 과일의 종류를 알아본다.
- 여름에 나오는 과일에 대해 알아본다.
- 수박의 색깔과 맛에 대해 얘기해 본다.

활동방법

[시장놀이(극놀이 활동)]

① 수박모형을 책상 위에 얹어 놓는다(잘라놓은 수박도 옆에 놓는다).

② 유아들은 물건 사는 사람과 상인으로 나눈다.

③ 상인은 앉아 있고 사는 사람은 서 있는다.

④ 동요 CD를 틀어놓고 가사에 맞는 동작을 한다.

- 익은 수박 고르기(고개를 이리저리 갸우뚱거리기)
- 수박이 익었는지 두드려 보는 모습
- 여러 수박을 두드려 보는 모습

수박 소리

아롱다롱 나비

활동소개

나비 노래를 통하여 나비를 한국 춤동작으로 표현해 봄으로 유아들에게 흥미를 유발하고 또한 굿거리장단의 흐름을 이해한다.

활동자료

국악동요 CD나 피아노(반주),
가사판(동요 PPT).

도 입

- 나비의 종류를 알아본다.
- 나비의 색깔을 알아본다.
- 나비의 동작을 해 본다.

활동방법

① 원을 만들어 손잡고 돈다.

② 처음에는 노래를 들으며 또는 노래를 부르면서 한 바퀴 돈다.

③ 교사는 "아롱다롱 나비야" 를 유아의 이름을 불러 지명한다(처음만 지명).

예 김영희 나비야

④ 선택된 유아는 원을 돌다가 "날아라 날아라" 부분에서 원 안으로 들어오면서 양팔을 펴서 나는 모습을 한다.

⑤ 마지막 "날아라 날아라" 에서는 원 안에 있다가 나는 모습을 하고 원래의 자리로 들어간다.

⑥ "앉아라 앉아라" 에서는 지명된 유아가 원 안으로 들어와서 양팔을 펴고 나비동작처럼 하고 앉는다.

⑦ 마지막 "앉아라 앉아라" 는 원 안에 앉은 유아가 원 밖으로 나가면서 한 친구를 선택해서 같이 앉는다.

⑧ 선택된 유아는 아롱다롱 나비가 되어 처음부터 같은 방법으로 활동한다.

아롱다롱 나비

연

[연날리기]

활동소개

우리나라의 명절인 설날에 주로 하는 연날리기를 유아들이 노래를 부르면서 연을 위로 높이 날려, 누가 더 높이 올라가나를 해 봄으로 우리의 놀이를 체험한다.

활동자료

연, 동요 CD나 피아노, 가사판(동요 PPT).

도 입

- 우리나라 연의 종류를 알아본다.
- 연을 가지고 실내에서 날려 본다.

활동방법

① 교사는 노래의 가사를 설명한다.

② 가사말을 보면서 노래를 불러 본다.

③ 유아들이 노래를 직접 부르거나, 음악을 듣고 동작활동을 한다.

[강당 실내 활동]

"누가 높이 날까?"

① 두 팀을 만들어 두 줄로 세운다.

② 첫 줄에 2명의 유아가 나온다.

얼 레 를 돌 린 다

→ 유아 2명이 얼레를 돌린다.

풀 리 는 연 줄 끝 에

→ 얼레에서 실을 계속해서 푼다.

하 늘 저 편 위 에

→ 위로 오르는 연을 보면서 조금씩 뛰어나간다.

높 이 높 이 날 아 라

→ 연을 보면서 빠르게 뛰어다닌다.

확장활동

실내에서 넓은 운동장으로 나가 연을 날린다.

연

전선줄 정거장

"참새가 되어 날아보아요"

활동소개

전봇대줄에 유아가 참새가 되어 날아다니는 활동을 함으로 참새에 대해 알아보는 놀이형태이다.

활동자료

동요 CD나 피아노, 가사판(동요 PPT), 줄, 빨간색 풍선, 연.

도 입

- 참새에 대해 알아본다.
- 참새의 나는 동작과 소리를 내 본다.

활동방법

① 노랫말을 보면서 노래를 부른다.

전 봇 대 줄 은 정 거 장

→ 두 명의 유아가 나와서 줄을 길게 마주 잡고 선다. (줄을 낮게 허리 높이로 잡는다.)

오 가 는 참 새 지 지 배 배

→ 양팔을 펴서 날갯짓을 하며 유아들이 나와서 줄 위에 걸쳐 선다.

새 빨 간 풍 선 매 달 렸 네

→ 빨간 풍선을 유아가 나와서 줄에 매단다.

네 모 난 내 연 걸 려 있 네

→ 유아가 연을 갖고 나와서 줄에 연을 매단다.

전선줄 정거장

시계

활동소개

- 시계에 대해 알아본다. 소리, 크기, 모양(시침, 분침의 역할)
- 시계가 우리에게 어떠한 역할을 하는지 알아본다.

활동자료

시계모양 그림판, 원형시계(벽걸이), 동요 CD나 피아노, 가사판(동요 PPT).

도 입

- 큰 원형의 시계를 보고 유아들이 읽어 본다.
- 분침과 초침의 역할을 알아본다.

활동방법

[소리탐색 활동]

① 시계의 소리를 다양하게 내어 본다.
② 가사를 익힌다.
③ 주고받기 노래를 통해 남아, 여아의 역할 분담을 해 본다.
④ 교사의 피아노 반주로 노래를 부르고 익힌다.

교사	여아	남아
시계는	똑딱똑딱	땡땡
시간을 알려주네	땡 땡 (함께)	

[신체활동]

⑤

시 계 는 시 간 을 알 려 주 네 유 치 원 늦 는 다 고

→양손으로 둥그런 원을 그리고 몸을 좌, 우로 움직인다.

똑 딱 똑 딱 땡 땡

→혀 차기 4번 또는 책상 두드리기 4번 →손뼉 치기 2번

확장활동

"시계놀이 해봐요!"

[바닥놀이 활동]

① 교실바닥에 시간을 알리는 숫자가 그려 있는 큰 시계모양의 그림을 붙인다.
② 2명의 유아가 나오면 교사는 분침과 시침을 나누어 준다.
③ 교사가 ~시 ~분을 불러주면 유아는 시계 그림 안에 서서 시간에 맞게 분침과 시침을 만든다.

시계

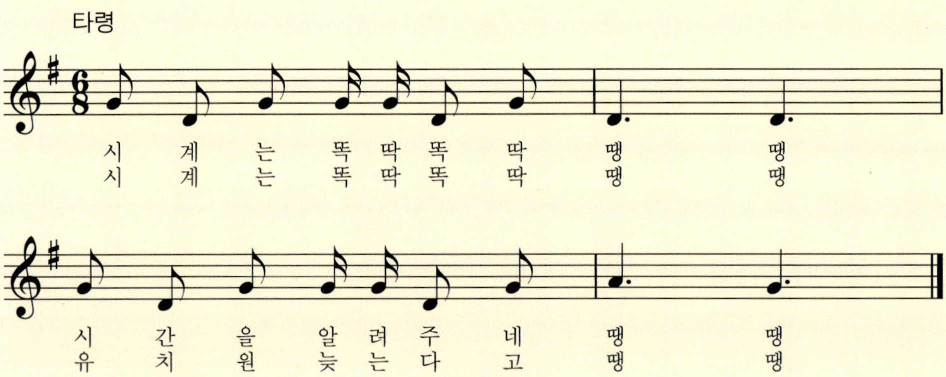

풍년놀이

"리본놀이"

활동소개

풍년을 기원하는 풍년놀이를 통해 사물악기에 맞추어 화려한 리본놀이를 함으로 풍물놀이의 상모돌리기 느낌을 가져 본다.

활동자료

동요 CD나 피아노, 가사판(동요 PPT), 리본(다양한 색깔).

도 입

- 농촌의 생활을 알아본다.
- 농촌의 축제에 대해 알아본다.
- 풍물놀이에 대해 알아본다.
- 상모에 대해 알아본다.

활동방법

① 리본을 자유롭게 돌린다.

<1절, 2절 같은 동작활동>

[여 아]	[남 아]
(메기는 부분) 팔월이라 대보름날	(받는 부분) 팔월이라 대보름날
→ 리본을 앞뒤로 흔들며 걷는다.	(받기: 같은 동작하기)
(메기는 부분) 앞마당에 자리 깔고	(받는 부분) 앞마당에 자리 깔고
→ 리본을 앞뒤로 흔들며 걷는다.	(받기: 같은 동작하기)
(메기는 부분) 밤을 새워 춤을 추며	(받는 부분) 밤을 새워 춤을 추며
→ 리본을 위로 들어서 오른쪽으로 돌린다.	(받기: 같은 동작하기)
(합창) 풍년노래 불러보자	
→ 리본을 위에서 왼쪽으로 돌린다. (같이)	

확장활동

걸으면서 배운 동작을 활용한다.

풍년놀이

뛰뛰자

"고무줄놀이"

활동소개

자진모리장단의 경쾌한 리듬에 맞추어 자유롭게 뛰기 활동을 해 봄으로써 자진모리장단의 흐름을 알게 된다. 장단에 따른 신체활동은 유아의 건강한 몸을 만든다.

활동자료

동요 CD나 피아노, 가사판(동요 PPT), 긴 고무줄 2개.

도 입

- 고무줄로 할 수 있는 놀이를 알아본다.
- 펄쩍펄쩍 뛰기 놀이를 한다. (여러 가지 놀이 활동을 해 본다.)

활동방법

[음악을 틀어놓고 활동하기]

"고무줄 놀이활동"

① 고무줄을 양쪽 책상다리에 걸고 처음에는 고무줄을 낮게 하고 한 번씩 뛰기를 모두 하면, 다음에는 점점 고무줄을 높여 가면서 뛰기를 한다.

② 두 팀으로 나누어서 유아 1명이 고무줄을 뛰고 맨 뒤로 가서 줄을 서서 차례를 기다린다.

"동작 활동"

펄 쩍 펄 쩍 뛰 자 펄 쩍 펄 쩍 뛰 자

→ 다같이 펄쩍펄쩍 위로 뛴다(리듬에 맞게 4번 뛴다).

누 가 누 가 높 이 뛰 나 누 가 누 가 높 이 뛰 나

→ 여아가 높이 2번 뛴다. → 남아가 높이 2번 뛴다. 교대로 뛴다.

펄 쩍 펄 쩍 펄 쩍 펄 쩍 높 이 높 이 뛰 자

→ 4번 뛴다. 4번 뛴다.

뜀 뛰 기 놀 이 가 아 주 재 미 있 다

→ 다같이 뛰면서 돈다. 손뼉 3번 치고 V자로 마무리한다.

뜀뛰자

자진모리

불조심

[역할극 놀이]

활동소개

노랫말의 가사에 따라 역할극 놀이를 해봄으로 유아에게 불조심할 수 있는 교육적 효과를 높인다.

활동자료

동요 CD나 피아노, 가사판(동요 PPT), 그림자료(성냥불, 담뱃불, 난로불, 꺼진 불).

도 입

- 불을 낼 수 있는 도구에 대해 알아본다.
- 성냥불, 담뱃불, 난로불, 꺼진 불이 왜 위험한지에 대해 얘기한다.

활동방법

[역할극 놀이]

유아 ① 성냥불 그림자료를 들은 유아.
유아 ② 담뱃불 그림자료를 들은 유아.
유아 ③ 난로불 그림자료를 들은 유아.
유아 ④ 꺼진 불 그림자료를 들은 유아.

- 노래를 통해 불 이름이 나올 때 출연하기

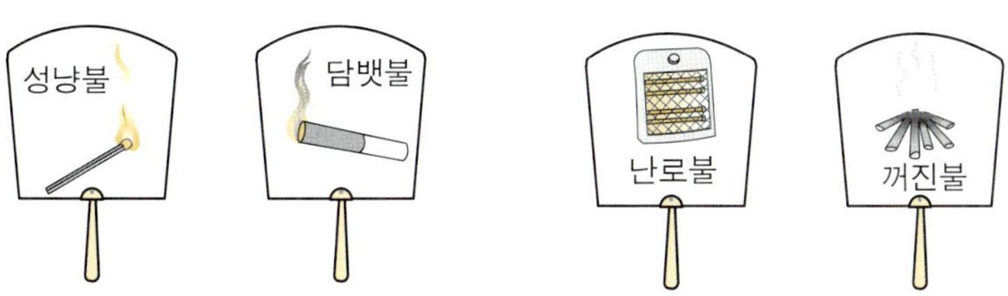

우 -- 우 우 -- 우 우 -- 우 우 -- 우

→ 4명의 유아가 앞으로 나온다.

성 냥 불 도 조 심 조 심

→ 성냥불을 든 유아가 그림자료를 위로 든다.

담 뱃 불 도 조 심 조 심

→ 담뱃불을 든 유아가 그림자료를 위로 든다.

너 도 나 도 조 심 조 심 불 조 심

→ 성냥불, 담뱃불을 든 유아가 그림자료를 오른쪽, 왼쪽으로 4번 흔든다.

난 로 불 도 조 심 조 심

→ 난로불을 든 유아가 그림자료를 위로 든다.

꺼 진 불 도 조 심 조 심

→ 꺼진 불을 든 유아가 그림자료를 위로 든다.

불 조 심

→ 두 명의 유아가 그림자료를 들고 오른쪽, 왼쪽으로 4번 흔든다.

우 -- 우

→ 성냥불 유아가 그림자료를 높이 위로 든다.

우 — 우

→ 담뱃불 유아가 그림자료를 높이 위로 든다.

우 -- 우

→ 난로불 유아가 그림자료를 높이 위로 든다.

불 조 심

→ 꺼진 불 유아가 그림자료를 높이 위로 든다.

확장활동

- 불조심 역할극 놀이를 한 후 이어서 소방차로 연결해서 활동한다(1절만 반복).
  - 노래를 들으면서 성냥불, 담뱃불, 난로불, 꺼진 불 판을 든 유아들이 한 명씩 급히 뛰어다니다가 맨 마지막 부분 "불조심하세요", 신고는 "119"에서 그림자료 판을 위로 높이 든다.

불조심

〈단모리〉 느리게
우 – 우 우 – 우 우 – 우 우 – 우
빠르게
성냥불도조심조심 담배불도조심조심 너도나도조심조심 불 조 심
난로불도조심조심 꺼진불도조심조심 불 조 심 –
느리게
우 – 우 우 – 우 우 – 우 불조심

소방차

〈세마치〉
웽 웽 사 이 렌 – 소 – 리
웽 웽 사 이 렌 – 소 – 리
어 느 집 에 불 이 났 다 눈 이 커 진 사 람 들
어 느 곳 에 불 이 났 다 달 – 리 는 소 방 차

(3) 기악합주

– 정성자 창작곡(국악동요) –

봄바람

[소고놀이]

"버드나무 아저씨, 개나리 아가씨를 깨워 보세요."

활동소개

노래에 맞추어 소고의 기초 연주법과 동작을 익히고 비슷한 소리의 양악기인 탬버린을 같이 연주함으로 국악기와의 조화를 느낀다. 잠자는 버드나무 아저씨와 개나리 아가씨를 악기를 통해 잠을 깨워 보는 표현을 기악활동으로 나타내었다. 국악기와 양악기의 조화를 느껴보는 기악활동 놀이이다.

활동자료

동요 CD나 피아노, 가사판(동요 PPT), 소고.

도 입

- 봄바람에 대해 알아보고 가사말을 익힌다.
  - 등장인물인 버드나무 아저씨, 개나리 아가씨 역할극을 해 본다.

※ 기악합주에 나오는 동요들은 정성자의 창작곡임.

활동방법

[타법 익히기]

- 소고, 탬버린 복판 치기

- 테 치기

[동작 익히기]

➡ 소고 치고 오른손 위로, 왼손 옆으로 벌리기

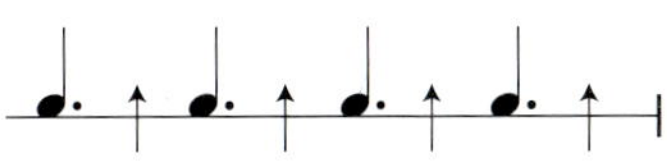

➡ 소고 치면서 양손 위로 올라가기

<1절, 2절 같은 동작>

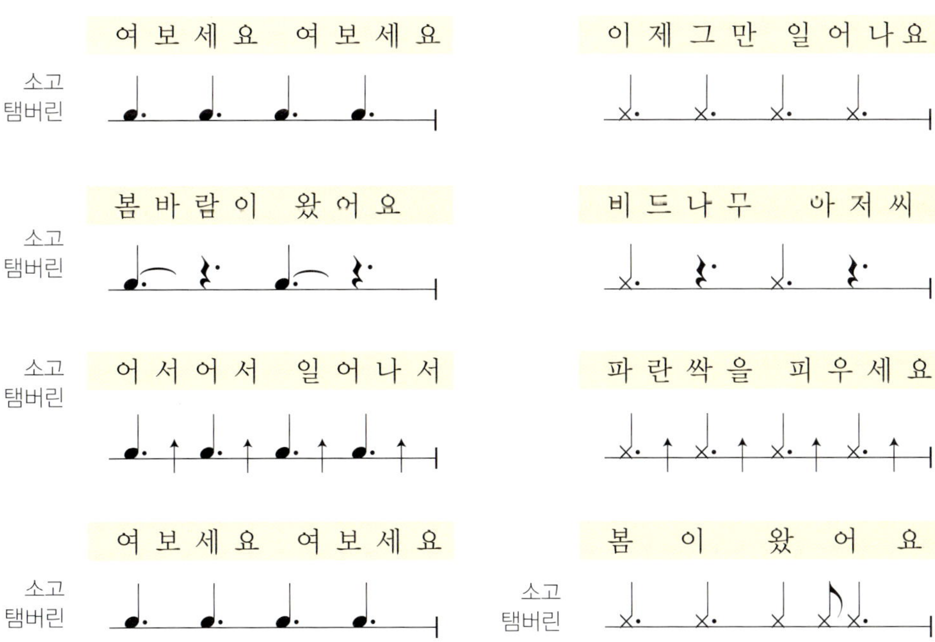

Tip

주고 받기로 활용하여 소고, 탬버린을 치면 율동(동작)으로 활동한다–버드나무, 개나리.

[분담 역할극 놀이]

- 2명의 유아, 남아와 여아가 서로 마주 보고 앉는다.
- 남아 : 버드나무 아저씨, 여아 : 개나리 아가씨
- 1절 : 여아(개나리 아가씨)가 악기를 치고, 남아(버드나무 아저씨)는 동작표현을 한다.

  2절 : 남아(버드나무 아저씨)가 악기를 치고, 여아(개나리 아가씨)는 동작표현을 한다.

활동활동

- 여아가 악기를 연주할 동안 남아는 소고를 오른쪽 얼굴 옆에 대고 박자를 맞추어 흔들면서 자는 척한다.

  "어서어서 일어나서" 부분에는 소고를 왼쪽 얼굴 옆으로 대고 같은 활동을 한다.

내 얼굴

[소고춤]

활동소개

자진모리장단의 경쾌한 박자와 가사내용으로 유아의 귀엽고 앙증맞은 모습을 소고를 통해 재미있게 표현한다.

활동자료

동요 CD나 피아노, 소고, 가사판(동요 PPT).

도 입

- 교사가 자진모리장단을 흥겹게 친다.
- 자진모리장단에 맞추어 뛰어 본다.

활동방법

날 좀보소 | 날 좀보소

소고를 한 번 치고 오른쪽 얼굴 옆으로 대고 / 소고를 한 번 치고 왼쪽 얼굴 옆으로 댄다.

복숭아꽃 | 내 얼굴

소고를 얼굴 앞에서 두고 오른쪽, 왼쪽으로 흔들면서 제자리에서 뛴다.

발그레-한 | 표정인

소고를 위로 들고 앞, 뒷면을 돌린다.

내 얼굴이 | 이쁘 죠

소고를 얼굴 앞에 두고 오른쪽, 왼쪽으로 흔들면서 제자리에서 뛴다.

새까만 | 눈망울

(뛰면서 소고치면서 오른팔 위로 올리기)

앵두같은 | 내 입술

(뛰면서 소고치기)

누구를 | 닮았나

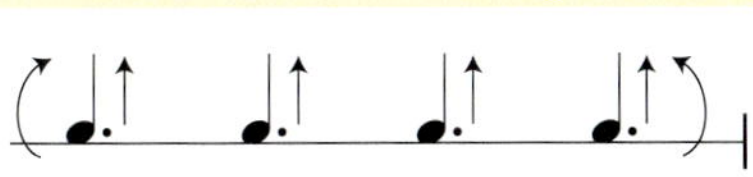

소고를 위로 들고 치면서 앞으로 전진한다.

엄마아빠 | 닮았네

→소고 위로 들고 흔들면서 왼쪽으로 돈다.

〈2절〉

1절과 같은 동작을 한 후 마지막 부분에서

언 니 를 | 닮 았 나

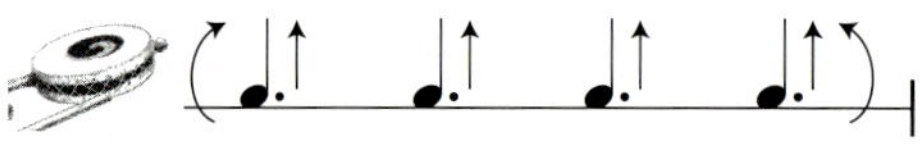

소고를 위로 들고 치면서 앞으로 전진하다가

부 모 얼 굴 | 닮 았 네

제자리에 앉으면서 테두리 치고 소고앞 오른손 채는 위로 크게 견주는 자세를 한다.

내얼굴

엄마돼지 아기돼지

활동소개

돼지 소리를 재미있게 엮은 곡으로 빠른 단모리장단에 맞추어 기악합주로 표현한다.

활동자료

동요 CD나 피아노, 장구, 북, 소고, 가사판(동요 PPT).

도 입

- 아기돼지, 엄마돼지 소리를 내 본다.
- 아기돼지, 엄마돼지 모양을 표현해 본다.

활동방법

- 장구, 북 치기

토 실 아 기 돼 지	꿀 꿀 꿀 꿀
2번 치기	채편 4번 치기, 소고 4번 테치기
젖 달 라 고	꿀 꿀 꿀 꿀 꿀 꿀
2번 치기	채편 4번 치기, 소고 4번 테치기
엄 마 돼 지	꿀 꿀 꿀 꿀
2번 치기	채편 4번 치기, 소고 4번 테치기
오 냐 오 냐	꿀 꿀 꿀 꿀
2번 치기	채편 4번 치기, 소고 4번 테치기
꿀꿀꿀꿀꿀꿀꿀꿀꿀꿀	꿀꿀꿀꿀꿀꿀(꿀꿀꿀꿀)
장구, 북, 소고를 리듬대로 치기	↓ (마지막에 굴려서 치기)

확장활동

유사성 악기 치기(양악기).

장구-작은북, 북-큰북, 소고-탬버린.

엄마돼지 아기돼지

악기소리

활동소개

악기소리 동요를 통해 각 악기의 입소리를 알 수 있고 단모리장단의 경쾌함을 느낄 수 있다.

활동자료

동요 CD나 피아노, 가사판(동요 PPT), 장구, 북, 꽹과리, 목탁, 소고, 바라, 징.

도 입

- 장구, 북, 꽹과리, 목탁, 소고, 바라, 징을 쳐 보고 악기 소리의 느낌을 말해 본다.

활동방법

장구는 덩 덕 쿵 덕

장구 채를 위로 든다. 양손 오른손 왼손 오른손 치기

북 -- 은 둥 둥 둥 둥

채를 위로 들고 4번 치기

꽹 과 리 는 꽤 갱 괭 갱

채를 위로 들고 4번 치기

목 탁 은 똑 딱 똑 딱

채를 위로 들고 4번 치기

소 고 는 궁 궁 궁 궁

채를 위로 들고 4번 치기

바 라 는 쨍 쨍

바라를 위로 들고 2번 치기

징 은 징 -- 징

채를 위로 들고 2번 치기

소 고 는 딱 -- 딱

채를 위로 들고 테두리 2번 치기

덩 쿵 덩 덕 쿵 덕

모든 악기 리듬대로 치기

꽤 갱 딱 딱 딱 딱

리듬대로 치기

쨍 쨍 징 징

리듬대로 치기(4번 치기)

악 기 소 리 어 울 리 니

양팔 펴고 어깨춤 추기

어 깨 춤 이 절 로 난

어깨춤 추기

다 --

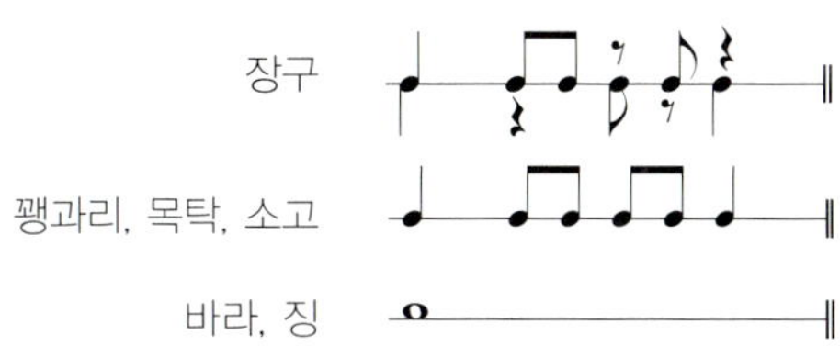

확장활동

유사성 악기 치기(양악기).

장구-작은북, 북-큰북, 꽹과리-트라이앵글, 목탁-우드블록, 박자 목, 소고-탬버린, 바라-심벌즈(Orff 악기로 병행 연주).

악기소리

어깨춤

활동소개

가사내용에 따른 악기연주를 통해 악기의 음색과 효과를 알아보고 굿거리장단의 흐름을 느낀다.

활동자료

동요 CD나 피아노, 가사판(동요 PPT), 장구(작은북), 꽹과리(트라이앵글).

도 입

- 노래를 들려 준다.
- 장구와 꽹과리를 쳐 보고 탐색한다.

활동방법

① 악기의 입소리 알아보기

- 장구의 입소리 : 쿠쿵쿵(북면)
- 꽹과리 입소리 : 꽤갱꽹

② 악기치기 (노래의 가사를 익히고 불러 본다.)

쿠 쿵 쿵 발 을 굴 리 자

6번 치기(북편)

장 구 소 리 에 발 맞 추 어

4번 치기(채편)

꽤 갱 꽹 꽹 꽤 갱 꽹 꽹

꽹과리 리듬대로 치기

꽹과리장단에 발 맞 추 어

4번 치기

어 얼 사 좋 다 좋 -- 아

장구, 꽹과리 치고 머리감기(2번)

어 깨 춤 이 절 로 난 다

어깨춤 추기

③ 유사성 악기치기

- 장구 : 작은북 (같이 치기)
- 꽹과리 : 트라이앵글 (같이 치기)

확장활동

- 악기치고 (장구, 꽹과리) 오른손 위로 올리기 춤동작 해 보기
- 양팔 흔들고 어깨춤 추기

어깨춤

장구소리

[장구, 쨍과리 치기]

활동소개

우리나라 장단 악기를 대표하는 장구와 쨍과리를 쳐 봄으로 북소리와 쇳소리의 차이점을 익힌다.

활동자료

동요 CD나 피아노, 가사판(동요 PPT), 장구, 쨍과리.

도 입

- 소리탐색 : 장구와 쨍과리 악기를 쳐 보고 소리의 차이점을 탐색한다.
- 가사말을 익힌다.
- 장구와 쨍과리의 구음(입소리)을 알아본다.

활동방법

① 장구 리듬 연습(굿거리장단 변형)

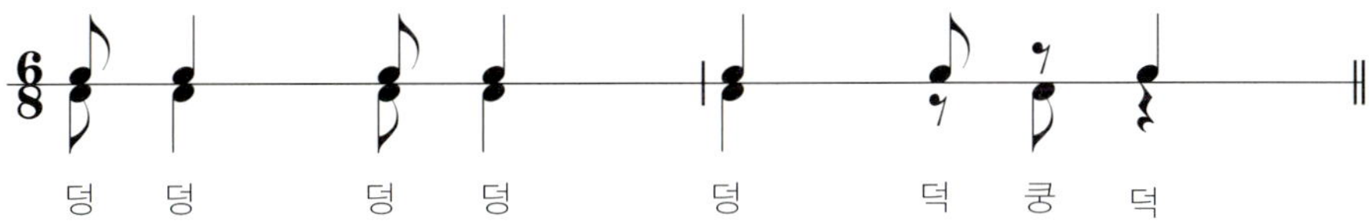

② 꽹과리 리듬 연습

[기악연주]

장구소리

시골집

[장구, 북 합주]

활동소개

가사말의 정서에 맞는 굿거리장단의 흐름과 장구와 북의 어울림을 통하여 시골집의 정취를 느낀다.

활동자료

동요 CD나 피아노, 가사판, 장구, 북, 개울길, 조롱박 사진.

도 입

- 시골집의 모습에 대해 이야기한다.
- 고향 시골길에 있는 개울길과 고추, 조롱박에 대해서 알아본다.

활동방법

- 장구와 북장단의 구음(입소리)을 알아본다.

<장구 장단 (굿거리장단)>

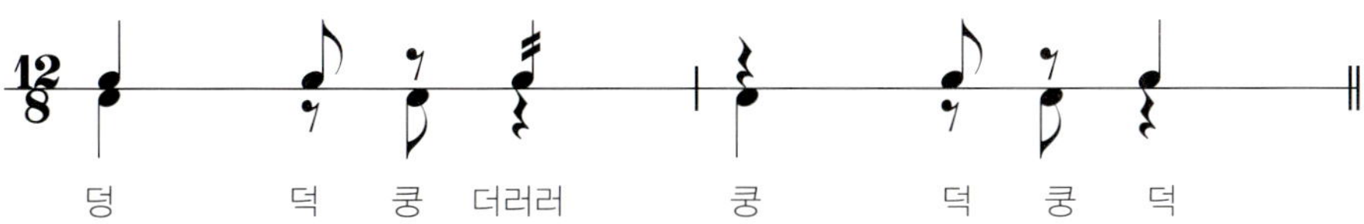

<북 장단>

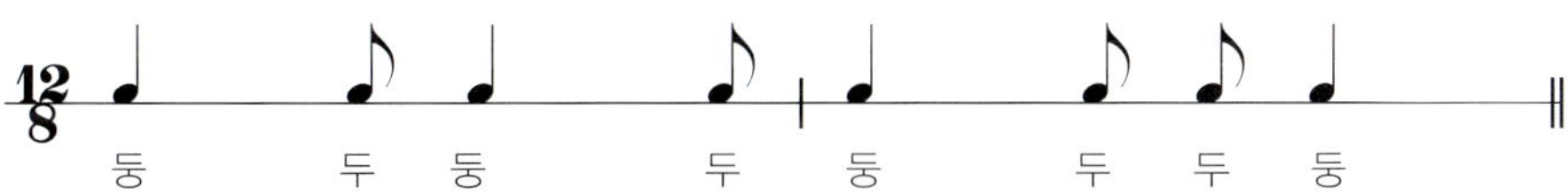

<장구, 북 합주>

- 2절: 처음부터 장구, 북을 위와 같은 방법으로 같이 연주한다.

확장활동

- 2번째 연주 시는 굿거리장단인 장구와 북을 처음부터 같이 연주한다.
- "앞마당에 고추들"부터는 꽹과리를 친다. (장구, 북, 꽹과리 합주)

시골집

(4) 춤동작

– 정성자 창작곡(국악동요) –

나처럼 해봐요

활동소개

교사가 "나처럼 해봐요 요렇게 요렇게" 하면서 다양한 춤동작을 하고 유아는 직접 따라 해 봄으로 한국춤의 형태를 알게 된다.

활동자료

동요 CD나 피아노.

도 입

- 교사는 따라 하기 형태로 여러 가지 춤동작을 유아들에게 제시한다.
- 여아, 남아로 분류하여 여아에 맞는 춤동작, 남아에 맞는 춤동작을 해 본다.
- 교사가 유아의 이름을 부르면 따라 해 본다.

활동방법

[춤동작]

나 처 럼 해 봐 요
→ 오른손을 내밀고 자기를 가리킨다.

나 처 럼 해 봐 요
→ 오른손을 내밀고 자기를 가리킨다.

요 렇 게 요 렇 게
→ 양손으로 허리감기

아 이 참 재 미 있 네
→ 손뼉치고 오른손으로 머리감기

요 렇 게 요 렇 게
→ 양손으로 허리감기

요 렇 게 요 렇 게
→ 양손을 앞에서 흔들기

요 렇 게 요 렇 게
→ 양손을 앞에서 흔들기

재 미 있 구 나
→ 손뼉치고 왼손으로 머리감은 후 어깨춤 추고 양손 허리감기

※ 춤동작에 나오는 동요들은 정성자의 창작곡임.

확장활동

“요렇게, 요렇게” 부분에 여러 가지 춤동작을 해 본다.

(어깨춤추기, 엉덩이흔들기, 뛰기, 팔들기, 팔 위에서 흔들기 등).

나처럼 해봐요

사랑하는 엄마 아빠

활동소개

부모에 대한 노래로 엄마 아빠에 대한 고마움과 사랑을 유아들에게 느끼게 함으로 가족의 사랑을 확인한다.

활동자료

동요 CD나 피아노, 엄마 아빠 사진이나 그림, PPT 자료 또는 가사판.

도 입

- 유아들의 엄마와 아빠에 대해 알아본다.
- 엄마의 역할과 아빠의 역할을 알아본다.

활동방법

[춤동작]

여아와 남아로 나누어서 일렬로 선다.

우 - - 우	우 - - 우

1절 → 여아 : 치마를 잡고 오른발 왼발을 디디며 걸어 나온다.
2절 → 여아· 남아 모두 뒤로 물러선다.

어 어 어 - -	어 - -

1절 → 남아 : 양손을 앞뒤로 흔들며 씩씩하게 걸어나온다.
2절 → 여아 : 치마를 잡고 앞으로 나온다. 남아 : 손 앞뒤로 흔들면서 걸어나온다.

어 머 니 어 머 니 엄 마	아 버 지 아 버 지 아 빠

(1, 2절) → 여아 : 오른쪽, 왼쪽 치마를 들어서 돈다. 남아 : 양손을 가슴에 포개며 오른쪽, 왼쪽으로 어깨짓을 한다.

사 랑 합 니	다

(1, 2절) → 손뼉을 치고 양손을 펴서 왼쪽, 오른쪽으로 돈다.

사랑하는 엄마아빠

손가락이 춤춰

활동소개

굿거리장단 노래의 가사말에 따라 엄지, 식지, 장지, 약지, 새끼손가락의 이름을 자연스럽게 익힌다.

활동자료

동요 CD나 피아노.

도 입

- 다섯 손가락을 펴서 이름을 알아본다.
- 교사가 "엄지 나와라" "식지 나와라" 등을 부르면 유아들이 각 손가락만 세워서 춤을 춘다.

활동방법

우 리 모 두 손 가 락놀 이 합 시 다

→ 양손을 펴서 높이 들고 오른쪽, 왼쪽으로 흔든다.

엄지가 춤춰 | 엄지가 춤춰

→ 엄지(첫째 손가락)를 위로 들고 오른쪽, 왼쪽으로 흔든다.

식지가 춤춰 | 식지가 춤춰

식지(둘째 손가락)를 위로 들고, 오른쪽, 왼쪽으로 흔든다.

장지가 춤춰 | 장지가 춤춰

→ 장지(셋째 손가락)를 위로 들고 오른쪽, 왼쪽으로 흔든다.

약지가 춤춰 | 약지가 춤춰

약지(넷째 손가락)를 위로 들고 오른쪽, 왼쪽으로 흔든다.

새끼가 춤춰 | 새끼가 춤춰

→ 새끼(다섯째 손가락)를 위로 들고 오른쪽, 왼쪽으로 흔든다.

손가락 놀이가 | 재미있구나

양손은 가슴 앞에서 오른쪽, 왼쪽으로 흔든 후 "나"에서 양손을 위로 뿌리고 기본자세로 마무리한다.

※ 기본자세(오른손 앞, 왼손 뒤로 감기)

손가락이 춤춰

뱃노래

[파랑, 노란색 띠 춤]

활동소개

세마치장단의 노래로 넓은 바다 위에서 노젓는 모습과 배 떠나가는 모습을 나타내기 위해 바다를 상징한 파란색 천과 돛단배를 상징한 노란색 천을 사용한다. 한 천에 여러 명의 유아가 같이 움직여야 하는 것으로 협동심을 키우는 춤동작이다.

활동자료

동요 CD나 피아노, 긴 색 천(파랑 천, 노랑 천).

도 입

- 바닷가에 대해 알아본다.
- 배의 종류에 대해 얘기해 본다.
- 파랑 천, 노랑 천을 흔들어 본다.

활동방법

- 파랑 천과 노랑 천을 가진 유아로 나눈다.
- 파랑 천은 바다, 노랑 천은 돛단배의 상징을 유아들에게 알린다.

<1절>

에 헤 야 아 | 데 헤 야 아	배 떠 나 는 | 소 -- 리

→ 파랑 천을 잡은 유아 2팀(2줄)이 쪼르르 빠른 걸음으로 천을 흔들면서 나와서 반대편에 세로로 2줄을 만든다.

→ 왼쪽 무대에서 나가기

수 평 선 | 너 머 로	어 기 - 여 | 차

→ 노랑 천을 잡은 유아 2팀(2줄)이 쪼르르 빠른 걸음으로 천을 흔들면서 나와서 반대편에 세로로 2줄을 만든다.

← 오른쪽 무대에서 나가기

에 헤 야 아 | 데 에 야 아	배 - 떠 나 는 | 소 -- 리
→ 서로 마주 보고 빠른 걸음으로 천을 위로 높이 들고 전진한다.	→ 천을 뒤로 내리면서 제자리로 후진한다.

(전진) (후진)

넓 고 넓 은 | 바 - 다 - 로	배 떠 나 간 - | 다
→ 서로 마주 보고 빠른 걸음으로 천을 위로 높이 들고 전진한다.	→ 천을 뒤로 내리면서 제자리로 후진한다.

〈2절〉 정면을 보고

에 헤 야 아 | 데 헤 야 아 배 떠 나 는 | 소 -- 리

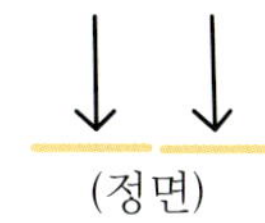

→ 파랑 천, 노랑 천 유아들이 앞(정면)을 향하여 천을 위, 아래로 4번 움직이며 전진한다.

출 렁 이 는 | 물 - 결 위 로 어 기 - 여 - | 차

→ 파랑 천, 노랑 천 유아들이 뒤로 후진하면서 천을 위, 아래 4번 움직인다.

에 헤 야 아 | 데 헤 야 아 배 - 떠 나 는 | 소 -- 리

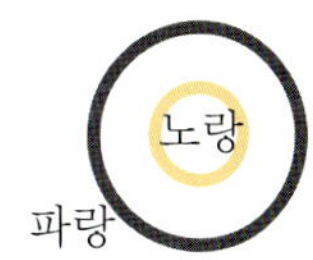

→ 노랑 천 팀과 파랑 천 팀이 (안에 원은 노랑 천, 바깥 원은 파랑 천) 천을 위, 아래로 움직이며 두 원을 만든다.

두 리 둥 실 | 배 떠 난 다 넓 은 - 바 다 | 로 -

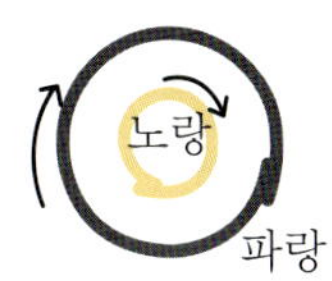

→ 노랑 천 팀은 천을 위로 높이 들고 시계도는 방향으로 빠르게 뛰면서 돌고 파랑 천 유아는 반대 방향으로 돈다(왼손은 허리 뒤, 오른손은 높이 들기). 마지막 가사 "로"에는 파랑 천 유아는 앉아서 천을 위로 들어 흔들고, 노랑 천 유아는 서서 파랑 천 위에 살짝 노랑 천을  모양을 만들면서 얹는다..

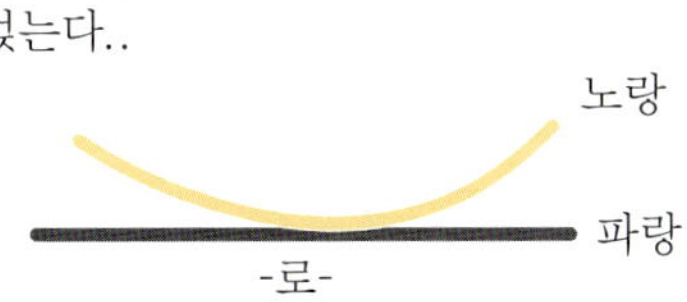

뱃노래

귀뚜라미

[부채춤]

활동소개

우리나라 춤의 멋과 아름다움을 나타내는 부채춤을 동요에 맞추어 기본동작을 익힌다.

활동자료

동요 CD나 피아노, 부채, 부채춤 동영상 및 그림자료 PPT.

도 입

- 부채춤에 관한 동영상이나 그림자료를 본다.
- 부채펴기(7세), 펴져 있는 부채활용(6세).

활동방법

- 입장하기 : 접힌 부채를 양손으로 앞, 뒤로 흔들면서 양쪽에서 나온다. ⟶ | | ⟵

〈1절, 2절 같은 동작〉

귀 뚜 라 - | 미

→ 오른손으로 부채를 펴서 몸 앞으로 가져온다.

노 - 래 대 | 장

→ 오른쪽, 왼쪽으로 흔든다.

하 - 루 | 종 - 일

→ 왼쪽 부채를 펴서 몸 앞으로 가져온다.

노 - 래 - 하 | 네

→ 양쪽 부채를 몸 앞에 두고 오른쪽, 왼쪽으로 흔든다.

귀 뚤 귀 뚤 | 귀 뚤 귀 뚤

→ 양쪽 부채를 눕혀서 물결무늬로 오른쪽, 왼쪽으로 흔든다.

또 르 르 르 | 또 - 르 - 르

→ 앞으로 빠르게 전진하면서 부채를 위로 올려서 흔든다.

하 - 루 | 종 - 일

→ 양쪽 부채를 위로 높이 들고 흔들면서 왼쪽으로 돈다.

노 - 래 - 하 | 네

→ 후진하면서 양쪽 부채를 제쳐 부채를 접는다. 2절 : 후진하면서 펴진 부채를 위로 올리면서 흔든다. 앞줄은 앉아서 위로 들어 흔들고 뒷줄은 서서 위로 들고 부채를 흔든다.

귀뚜라미

세마치

가야금 타령

[한삼춤]

활동소개

굿거리장단의 흥겨운 가야금 타령 노래에 어울리는 화려한 한삼춤으로 우리나라의 춤과 멋을 느낀다.

활동자료

동요 CD나 피아노, 한삼춤 PPT나 그림자료, 한삼, 소고채 또는 작은 막대.

도 입

- 우리나라 한삼춤을 그림이나 PPT를 통해 본다.
- 소고채를 잡고 그 위에 한삼을 낀다.
- 자유롭게 한삼을 흔들어 본다.

활동방법

입장; 한삼 낀 양손을 위로 올려서 총총걸음 하면서 일렬로 선다.

가 야 금 | 열 두 줄 에

→ 손 앞, 뒤(왼손 배, 오른손 허리 뒤)로 둥글게 4번 움직인다.

우 리 소 리 | 담 겨 있 네

→ 전진하면서 앞, 뒤로 크게 4번 흔든다.

홍 기 당 동 동 | 당 지 땅 징 징

→ 제자리에서 양팔 위로 오른쪽, 왼쪽으로 4번 흔든다.

지 지 지 찌 | 가 야 금 소 리

→ 양팔 위로 뿌리면서 원을 만들면서 양손으로 허리잡는다

지 난 날 의 | 모 든 사 연

→ 양팔을 흔들면서 왼쪽으로 돌고

열 두 줄 - 에 | 싣 - 고 서

→ 오른쪽으로 돈다.

에 헤 야 | 데 헤 야

→ 뒤로 후진하면서 양손 위로 올려 머리 뒤로 감고 뿌리면서

우 리 가 락 | 좋 을 씨 고

→ 양팔 펴서 오른쪽, 왼쪽으로 크게 한삼을 뿌리면서 왼쪽으로 돌면서 마무리 동작을 한다.

〈2절〉

1절과 같은 동작으로 반복한 후 끝 부분에서

우리가락(강산) | 좋 을 씨 고

→ 양팔 펴고 크게 왼쪽, 오른쪽으로 돌면서 앞줄은 앉고 뒷줄은 V자형으로 서서 마무리한다.

확장활동

굿거리장단 동요나 민요에서 같은 동작으로 활용할 수 있다.

풍년가

[리본 춤]

활동소개

굿거리 장단의 민요풍인 풍년가는 풍년이 온 농촌의 풍경을 묘사한 노래로, 리본을 활용하여 풍물놀이에 나오는 상모돌리기 느낌을 알아본다.

활동자료

동요 CD나 피아노, 풍물놀이 동영상이나 상모 그림, 여러 색깔의 리본.

도 입

- 풍년이 온 농촌마을의 잔치분위기를 말해 본다.
- 풍물놀이에 상모 돌리는 모습을 리본으로 자유롭게 흔들어 본다.

활동방법

- 리본 돌리기 연습 : 앞·뒤로 흔들기, 위로 흔들기, 물결무늬 만들기.
  - 음악이 나오면 양쪽에서(2팀) 양손을 앞·뒤로 리본을 흔들면서 무대로 나온다.
    (음악 CD 전주 부분)

"리본동작"

<1절>

풍 년 이 왔 네 풍 년 이 왔 네

→ 앞으로 4발 걸어나가면서 양팔의 리본을 앞뒤로 크게 흔든다.

삼 천 리 강 산 에 풍 년 이 왔 네

→ 양손 위로 올려서 리본을 오른쪽, 왼쪽으로 흔들면서 후진한다.

산 과 들 에 오 곡 이	노 오 랗 게 익 었 네

→ 제자리에서 리본을 오른쪽, 왼쪽으로 물결을 만들면서 흔든다.

풍 년 이 왔 네	풍 년 이 왔 네

→ 양팔 펴서 리본을 위로 높이 흔들면서 왼쪽, 오른쪽으로 돈다.

〈2절〉

풍 년 이 왔 네	풍 년 이 왔 네
→ 양팔의 리본을 X자로 흔들면서 전진한다.	→ 양팔의 리본을 X자로 흔들면서 전진한다.

삼 천 리 강 산 에	풍 년 이 왔 네

→ 양손 위로 올려서 리본을 오른쪽, 왼쪽으로 흔들면서 후진한다.

추 수 하 는 농 부 들	땀 방 울 이 솟 았 네

→ 제자리에서 리본을 오른쪽, 왼쪽으로 물결을 만들면서 흔든다.

풍 년 이 왔 네	풍 년 이 왔 네

→ 양팔 펴서 리본을 위로 높이 흔들면서 왼쪽, 오른쪽으로 돈다.

확장활동

- 무대 활동 시 풍년가에 이어서 같은 동작으로 춤동작을 이어간다.
- 굿거리장단 : 가야금 타령, 내고향 등.
- 세마치장단 : 귀뚜라미, 뱃노래.

풍년가

내 얼굴

활동소개

자진모리장단의 경쾌한 춤동작을 통해 내얼굴의 가사에 맞게 앙증맞게 표현해 본다.

활동자료

국악동요 CD나 피아노.

도 입

- 내 얼굴이 어떤지에 대해 이야기한다.
- 눈동자 색, 입술 색, 누구를 닮았을까? 등에 대해 이야기한다.
- "나 좀 봐요"와 "내 얼굴"에 대한 표현방법을 창의적으로 활동해 본다.

활동방법

날 좀보소 | 날 좀보소

→숙이면서 오른팔로 본인을 가리킨다.

복숭아꽃 | 내얼굴

→양손을 얼굴가에 대고 오른쪽, 왼쪽으로 고개를 흔든다.

발그레한 | 표정인

→양팔을 올려서 원을 만들고 위에서 S라인을 만들면서 내린다.

내 얼굴이 | 예쁘죠

→양손을 얼굴가에 대고 오른쪽, 왼쪽으로 고개를 흔든다.

새 까 만 | 눈 망울

→손뼉 치고 왼발 들기, 손뼉치고 오른발 들기

앵 두 같 은 | 내입 술

→양손을 얼굴가에 대고 오른쪽, 왼쪽으로 고개를 흔든다.

누 구 를 | 닮 았 나

→오른손, 왼손 앞 가슴에 대고

엄 마 아 빠 | 닮 았 네

→양손을 얼굴가에 대고 오른쪽, 왼쪽으로 고개를 흔든다.

<2절>은 같은 방법으로 활동하고 맨 마지막 부분 "부모 얼굴 닮았네"에서 양손을 얼굴가에 대고 왼쪽으로 돌면서 왼발 앞으로 내밀고, 양손을 위로하여 V자 만들기.

확장활동

- 자진모리장단에 맞추어 다양한 춤동작 활동하기
  →양팔 앞뒤로 흔들면서 뛰기, 양팔 옆으로 펴서 뛰기, 양팔 위로 흔들면서 뛰기 등.

활동유의점

- 자진모리장단에 맞추어 율동하면서 보법, 팔 동작에 유의하여 뛰어야 한다.

내얼굴

자진모리

날 좀보 소 날 좀보 소 복숭 아 꽃 내 얼굴
발 그레 - 한 표 정인 내 얼 굴 이 예 쁘 죠
새 까 만 눈 망 울 앵 두 같 은 내 입 술
새 빨 간 둥 근 뺨 사 과 같 은 내 얼굴
누 구 를 닮 았 나 - 엄 마 아 빠 닮 았 네
언 니 를 닮 았 나 - 부 모 얼 굴 닮 았 네

2) 전래동요와 실제

(1) 장단과 놀이활동

기러기

활동소개

친구와 같이 손뼉치고 동작으로 표현해 봄으로 유아의 신체표현과 언어발달에 도움이 된다.

활동자료

피아노, 가사판(동요 PPT), 장구.

도 입

- 손뼉치기 활동 ┌ 혼자 치기
  └ 친구와 마주 보고 치기
- 동작활동 표현해 보기

활동방법

쎄 쎄 쎄

→ 양팔을 구부려서 앞뒤로 흔든다.

아 침 바 람 | 찬 바 람 에

→ 손뼈치기 (내손뼉, 친구와 마주치기-4번 치기)

울 고 가 는 | 저 기 러 기

→ 양손을 눈가에 대고 우는 시늉을 하고 하늘을 향해 손가락으로 가리키는 흉내를 낸다.

우 리 선 생 | 계 실 적 에

→ 오른손, 왼손을 가슴에 포개고 오른쪽, 왼쪽으로 흔든다.

엽 서 한 장 | 써 주 세 요

→ 왼손 바닥을 펴고 오른손으로 글씨 쓰는 모습을 한다.

한 장 말 고 | 두 장 이 오

→ 손가락으로 하나를 가리키고 아닌 모습을 손으로 흔든 후 오른손으로 둘을 표시한다.

두 장 말 고	세 장 이 오

→ 둘을 가리키고 아니라고 흔든 후 오른손으로 셋을 표시한다.

구 리 구 리	말 아 서

→ 양손을 교체하며 마는 동작을 한다.

가 위 바 위 보

→가위 바위 보를 한다.

<게임>

- "가위 바위 보" 해서 진 유아 : 엎드린다.
- 이긴 유아 : 진 유아의 뒷목을 손가락으로 살짝 누르고 진 유아는 어느 손가락인지 맞혀 본다.

확장활동

- 술래가 된 유아는 이긴 유아가 시키는 것을 한다.

활동유의점

- 장구장단을 치기 전에 먼저 무릎장단부터 익힌다.

[활동 2]

"장단치기"

<느린 단모리장단>

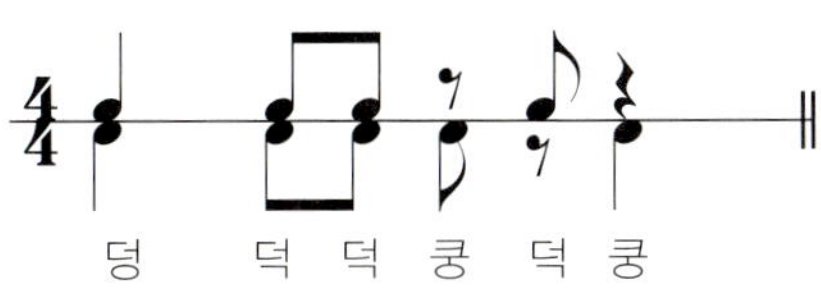

아	침	바	람
울	고	가	는
우	리	선	생
옆	서	한	장

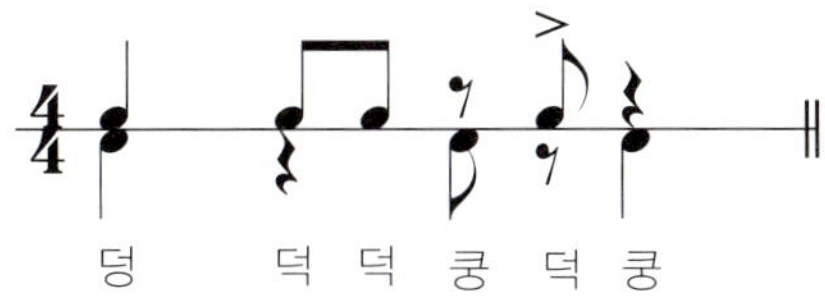

찬	바 람	에	–
저	기 러	기	–
계	실 적	에	–
써	주 세	요	–

한	장	말	고
두	장	말	고
구리	구리	말 아	서

두	장 이	오	–
세	장 이	오	–
가 위	바 위	보	–

↓

↓

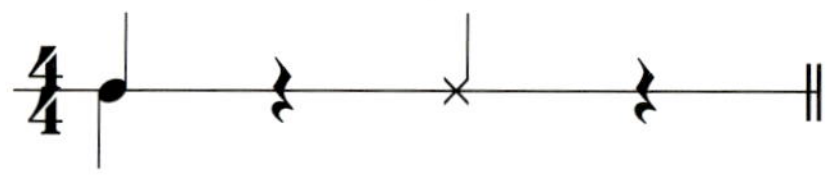

기러기

전래동요

꿩꿩 장서방

[꽹과리, 장구, 북 합주]

활동소개

꿩을 보고 부르는 노래로 꿩에 대해 알아보려는 유아의 궁금증과 상상력을 꽹과리, 장구, 북을 통하여 묻고 답하는 놀이이다.

활동자료

전래동요 CD나 피아노, 가사판(동요 PPT), 장구, 꽹과리, 북.

도 입

- 꽹과리를 쳐 보고 소리를 탐색한다.
- 장구와 북을 쳐 보고 소리의 유사성을 찾는다.

활동방법

[활동 1]

"놀이활동"

- 유아의 이름으로 바꾸어서 활동하기

김 김 김 영 희
어 디 어 디 사 - 나
무 얼 먹 고 사 - 나
누 구 하 고 사 - 나

김 김 김 영 희
(일 산) 에 산 - 다
밥 먹 고 산 - 다
(부 모 님) 과 산 - 다

[활동 2]

"장단치기"

<자진모리장단>

꿩 꿩 장 서방

꿩 꿩 장 서방

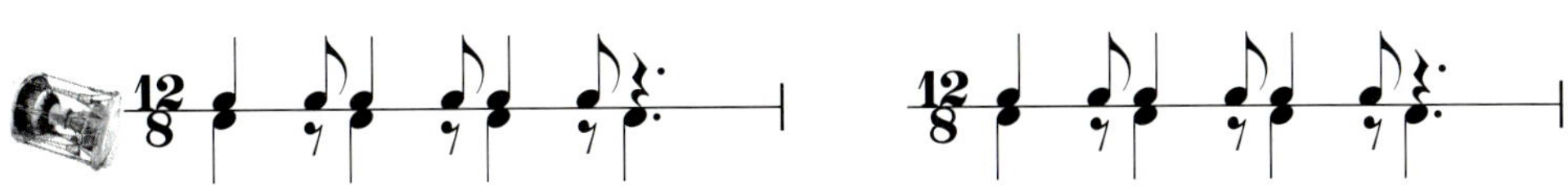

어 디|어 디|사 -|나
무 얼|먹 고|사 - |나
누 구|하 고|사 - |나

저 산|너 머|살 -|지
콩 까|먹 고|살 -|지
새 끼|하 고|살 -|지

확장활동

- "꿩꿩 장서방"을 유아의 이름으로 바꾸어 부른다.
- 자진모리장단 합주 : 꽹과리, 장구, 북의 리듬을 같이 친다.

여우야 여우야

활동소개

노래와 놀이를 같이하는 집단놀이 형태로 유아의 신체발달과 사회성을 기른다.
문답형의 노래를 장구와 꽹과리의 주고받기를 통해 단모리장단의 흐름을 익힌다.

활동자료

전래동요 CD나 피아노, 가사판(동요 PPT), 장구, 꽹과리, 여우 그림판.

도 입

- 여우에 대해 알아본다.

- 두 팀으로 나누어 활동한다(주고받기).
  →여우팀, 그룹팀.

활동방법

[활동 1]

"놀이활동"

- 술래(여우) 한 명을 지정한다.
- 술래(여우)가 눈을 감고 뒤돌아 서 있는다.
- 그룹팀 유아들이 손을 잡고 술래에게 한 발 한 발씩 다가가면서 다음과 같이 묻는다.
  →"여우야 여우야 뭐하니" "잠꾸러기" "멋쟁이" "무슨 반찬" "죽었니 살았니"
- 술래(여우)
  →"잠잔다" "세수한다" "밥 먹는다" 로 대답한다.
- 그룹팀의 유아들이 술래에 가까이 가서 마지막에 "죽었니 살았니" 라고 묻는다.
- 술래(여우)가 "죽었다" 하면 모두 제자리에 있어야 하고 "살았다" 하면 빨리 도망가야 한다. 이때 술래에게 잡히는 유아는 술래가 되어 다시 놀이를 한다.

[활동 2]

"장단치기"

<단모리 장단>

여 우 | 야 - | 여 우 | 야 - 뭐 하 | - | 니 |

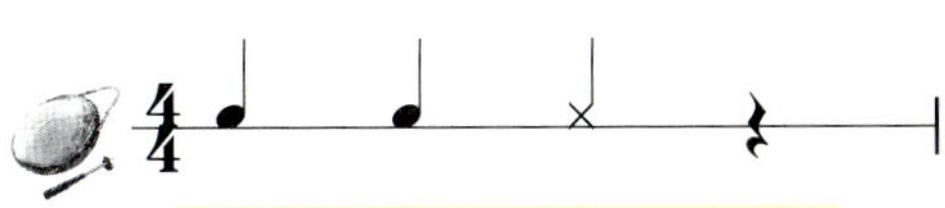

잠 잔 | - | 다 |

잠 꾸 | 러 - | 기 |

장구를 치고 오른손, 왼손 겹쳐서
오른쪽 머리 옆에 두고 잠자는 모습

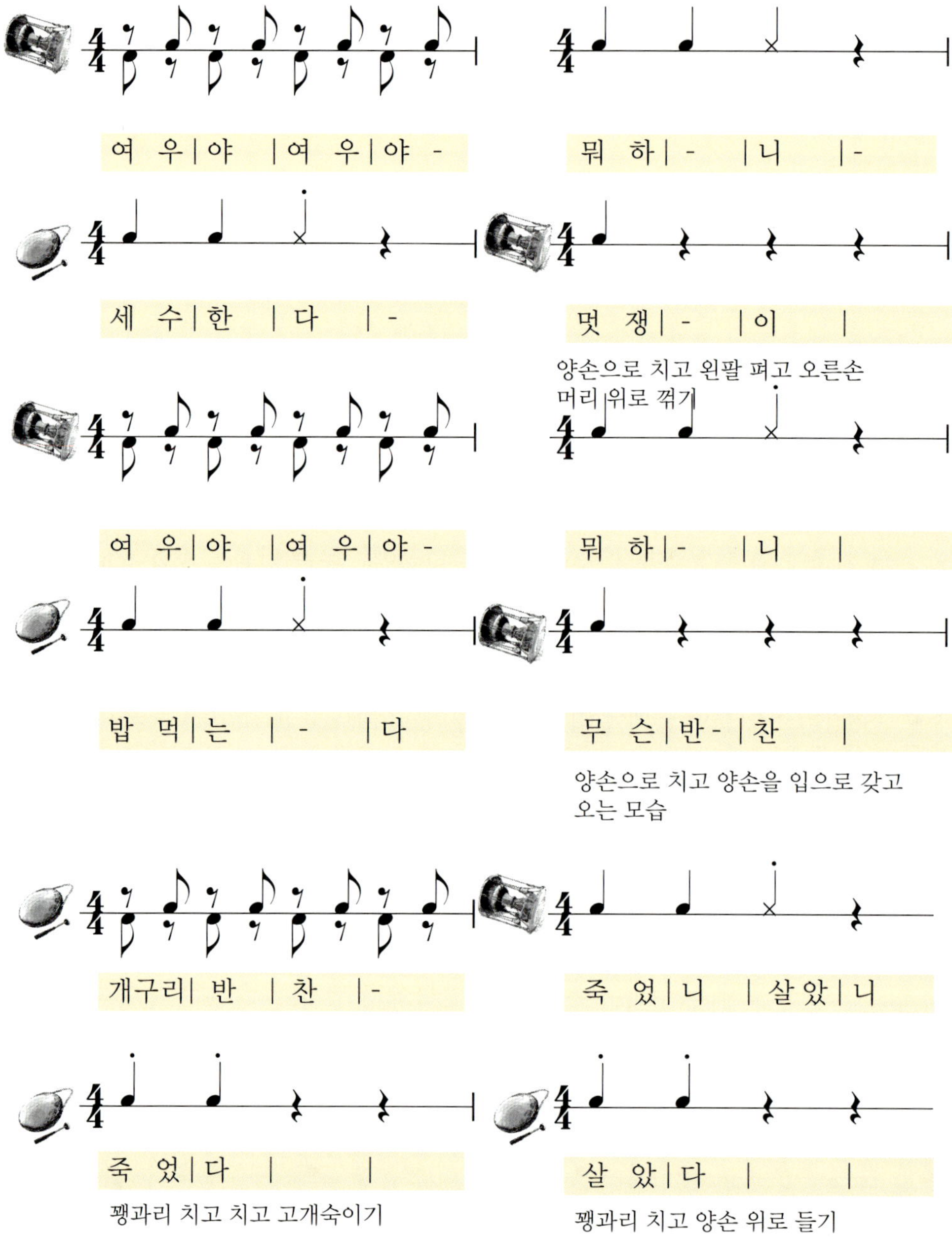

확장활동

위의 장단을 그대로 장구와 쨍과리가 같이 동시에 합주하고 “잠잔다, 세수한다, 밥 먹는다, 개구리 반찬, 죽었다, 살았다” 에만 쨍과리가 연주한다.

여우야 여우야

전래동요

가마솥의 누룽지

활동소개

- 예전의 어린이들이 서당에 다니면서 부르던 "하늘 천 따 지 검을 현 누루 황" 등의 한문을 배웠던 노래이다.
- 노래를 통해 재미있는 놀이활동을 함으로 옛 우리 고유의 풍습을 알아본다.

활동자료

전래동요 CD나 피아노, 가사판, 장구, 그림자료.

도 입

- 옛날 서당의 그림자료를 보고 설명한다.

활동방법

[활동 1]

"놀이활동"

(2명씩 짝을 지어 활동하기)

하 늘 천 따 지

→2명의 유아가 가위 바위 보를 한다.

가 마 솥 의 누 룽 지

→진 유아가 엎드리고 이긴 유아는 등을 두드린다.

빡 빡 긁 어 서

→등을 양손으로 긁는다.

오 드 득 오 드 득 씹 어 서

→손가락으로 등을 꼬집는다.

맛 있 게 먹 자

→엎드린 유아의 등을 빨리 두드린다.

[활동 2]

"장단치기"

〈단모리 장단〉

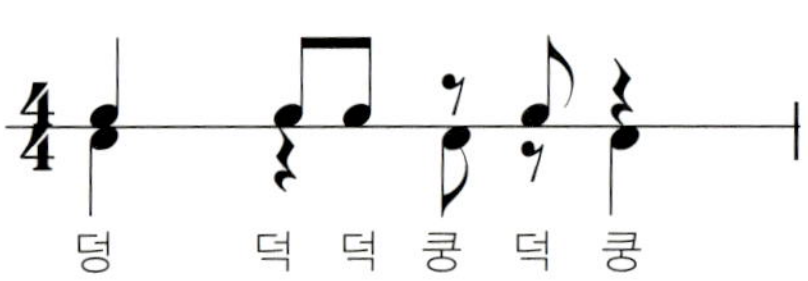

하늘 | 천 | 따 | 지

빡 | 빡 | 긁 어 | 서

맛있게 | - | 먹 자 | -

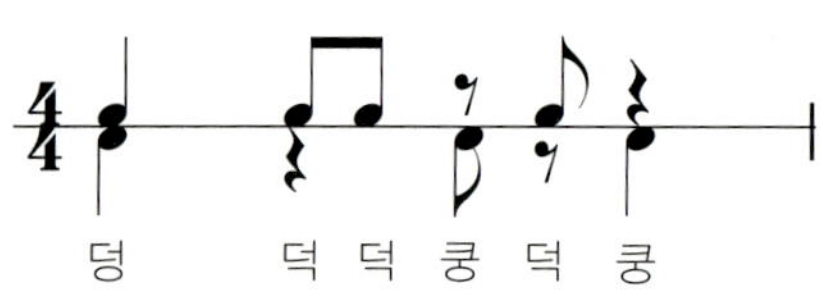

가마 | 솥 의 | 누 룽 | 지

오드득 | 오드득 | 씹 어 | 서

Tip

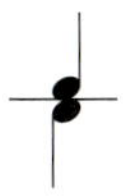 양손 치기  오른손 치기  왼손 치기

활동유의점

- 장구장단을 치기 전 먼저 무릎장단을 익힌다.

가마솥의 누룽지

전래동요

단모리

둥개둥개 둥개야

활동소개

전래동요의 가사말은 유아에게 어휘발달과 예전의 풍습을 알 수 있게 한다. 자진모리 장단에 맞추어 장구를 쳐 봄으로 장단의 흐름과 국악의 정서적 표현력을 발달시킨다.

활동자료

전래동요 CD나 피아노, 가사판(동요 PPT), 장구.

도 입

- 아기가 울 때 어머니가 어떻게 달랠까?라고 교사의 질문으로 도입한다.
- 아기를 잘 돌보거나 재울 때는 어떻게 하는지를 이야기한다.

활동방법

[활동1]

〈놀이활동〉

"인형놀이"

(노래를 부르면서 동작하기)

- 유아들이 인형을 갖고 인형을 가슴에 안는다.
- 가슴 위에 손을 살살 놓으면서 재우는 시늉을 한다.
- 놓은 손을 위아래로 올리고 내리면서 달래 본다.
- 인형을 등 뒤로 놓고 업는다.

[활동 2]

"장단치기"

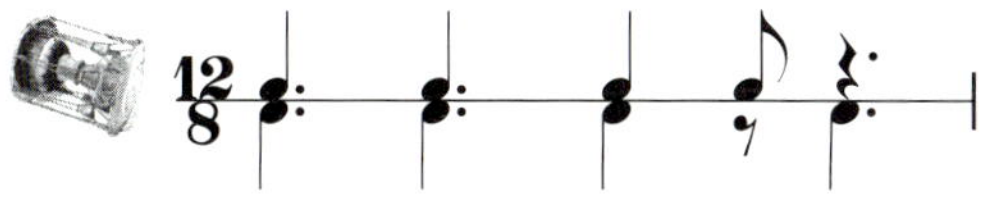

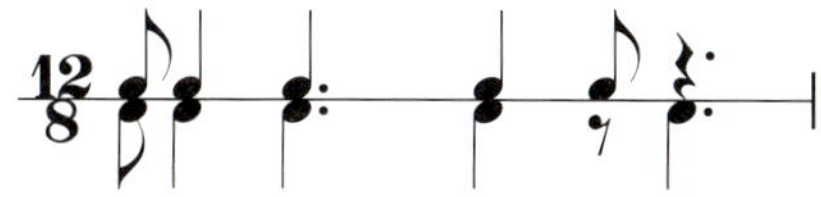

둥		개	둥		개	둥		개	야	-	-
얼	음		밑		에	수	달		피	-	-
둥		개	둥		개	둥		개	야	-	-

두	둥		둥		개	둥		개	야	-	-
썩	은			나	무	에	부	엉	이	-	-
두	둥		둥		개	둥		개	야	-	-

확장활동

"얼음 밑에 수달피 썩은 나무에 부엉이" 대신 다른 동물의 이름을 넣어 부른다.

예 처마 밑에 제-비 하늘 나르는 독수리 등.

둥개둥개 둥개야

전래동요

부엉과 붓

활동소개

긴긴 겨울밤 부엉이의 소리는 그 시대의 가난했던 생활상을 부엉이 부부의 소리로 묘사하였다. 부엉과 붓은 유아에게 우리나라의 옛 모습을 알게 하는 교육적인 효과가 담긴 노래이다.

활동자료

전래동요 CD나 피아노, 가사판(동요 PPT), 부엉이 그림자료.

도 입

- 부엉이의 생김새와 먹이, 활동하는 시간 등을 알아본다.
- 부엉이의 우는소리를 표현해 본다.

활동방법

[활동1]

"놀이활동"

(노래 부르면서 여아와 남아가 주고받기로 활동하기)

〈다같이〉	〈여아〉	〈남아〉
부 엉 부 엉	나 무 없 다 부 엉	걱 정 마 라 붓
→다같이 양손으로 날개짓하기	→양손으로 날개짓하며 고개를 오른쪽, 왼쪽으로 움직인다.	→양손으로 날개짓하며 고개를 오른쪽, 왼쪽으로움직이면서 "붓"에서 오른손가락을 입에 댄다.
부 엉 부 엉	양 식 없 다 부 엉	걱 정 마 라 붓
→다같이 양손으로 날개짓하기	→양손으로 날개짓하며 고개를 오른쪽, 왼쪽으로 움직인다.	→양손으로 날개짓하며 고개를 오른쪽, 왼쪽으로 움직이면서 "붓"에서 오른손가락을 입에 댄다.

[활동 2]

"장단치기"

〈단모리 장단 변형〉

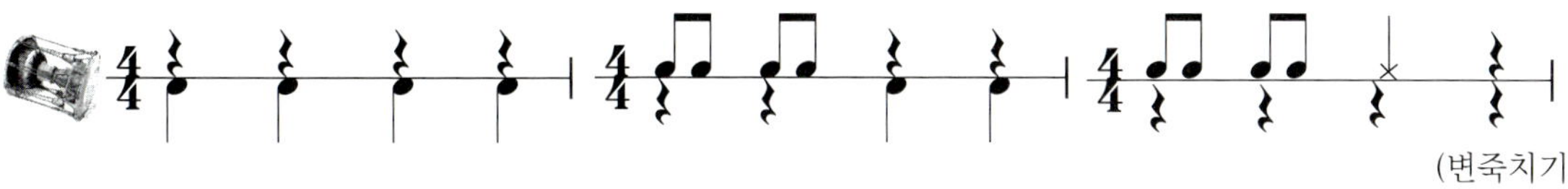

부 | 엉 | 부 | 엉	나 무 | 없 다 | 부 | 엉	걱 정 | 마 라 | 붓 |
	양 식 | 없 다 | 부 | 엉	걱 정 | 마 라 | 붓 |
↓	↓	↓
다같이 치기	여아	남아

확장활동

- 단모리장단의 변형장단을 연주한다.
- 위의 장단으로 장구합주를 한다.

부엉과 붓

전래동요

나무노래

활동소개

나무 이름을 중심으로 한 동요를 불러봄으로 여러 가지 나무의 이름을 익히고 인지력, 어휘력을 키운다.

활동자료

전래동요 CD나 피아노, 가사판(동요 PPT), 나무 그림자료.

도 입

- 나무 이름을 말해 본다.
- 그림자료로 나무의 이름을 알아본다.

활동방법

[활동 1]

"놀이활동"

〈자진모리장단〉 〈단모리장단〉

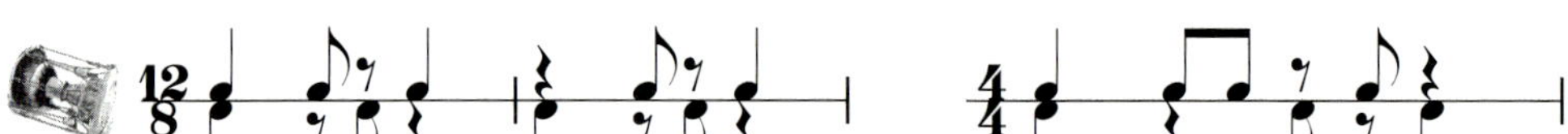

가 자 가 자 감 나 무

→두 팀의 유아가 서로 등지고 서 있는다. 자진모리장단에 맞추어 뛴다.

오 자 오 자 옻 나 무

→뛰면서 짝을 마주 보며 선다.

가 자 가 자 감 나 무

→단모리장단에 맞게 빠르게 앞팔을 흔들며 걷는다.

오 자 오 자 옻 나 무

→뛰면서 짝을 마주 보며 선다.

바 람 솔 솔 소 나 무

→양손 벌려서 어깨춤을 춘다.

너하구 나하구 살구나무

→왼손, 오른손을 짝 어깨에 얹고 고개를 까딱한다.

방 귀 뽕 뽕 뽕 나 무

→뒤돌아서면서 엉덩이를 2번 흔든다.

바 람 솔 솔 소 나 무

→양손 벌려서 어깨춤을 춘다.

너하구 나하구 살구나무

→왼손, 오른손을 짝 어깨에 얹고 고개를 까딱한다.

방 귀 뽕 뽕 뽕 나 무

→뒤돌아서면서 짝과 엉덩이 부딪히기

[활동 2]

"장단치기"

<단모리장단>

- 장구, 북 합주 -

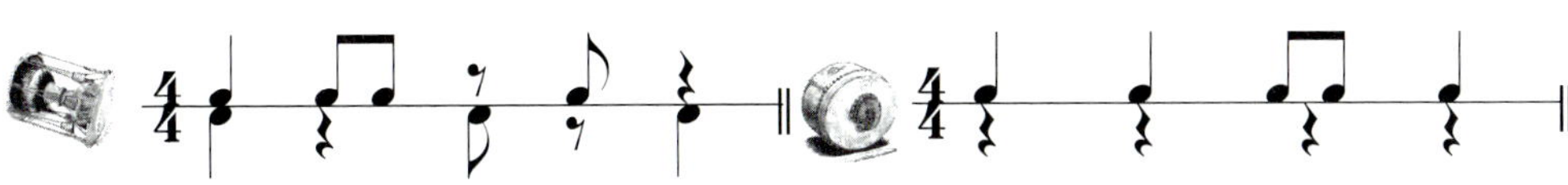

⦶	ㅣ ㅣ	○ ㅣ	○
덩	덕 덕	쿵 덕	쿵

둥	둥	두 두	둥

가 자 | 가 자 | 감 나 | 무

바 람 | 솔 솔 | 소 나 | 무

방 귀 | 뽕 뽕 | 뽕 나 | 무

오 자 | 오 자 | 옻 나 | 무

너하구 | 나하구 | 살구나 | 무

확장활동

- 장구와 북을 주고받기로 친다.
- 장구와 북을 같이 합주한다.

활동유의점

- 노래말(가사)은 상황에 따라 가사를 넣어도 무방하다.
- 악보(리듬보), 구음보에 유의하여 지도한다.

나무노래

전래동요

(2) 무대연출 시 극놀이 활동

활동소개

전래동요의 극놀이 활동은 노래 하나하나가 연결되어 시리즈로 구성된 것을 말한다. 여러 가지 노래와 놀이가 조화롭게 어우러져 유아놀이의 극을 묘사하여 무대에서의 다양한 놀이로 관객에게 보여주는 장르이다. 유아를 3팀으로 구성하여 6개의 동요를 팀별로 나누어 등장한다.

팀	활동
1팀	어깨동무, 숨바꼭질(꼭꼭 숨어라)
2팀	앞니빠진 중강새, 대문놀이
3팀	줄넘기, 꼬마야꼬마야

3팀의 구성은 먼저 1팀이 두 곡을 연출하면 이어서 2팀이 무대로 나와서 두 곡을 연출하고 마지막으로 3팀이 나와서 연출한다.
1팀은 노래와 놀이가 끝나면 2팀과 3팀이 나올 때까지 무대에서 놀이를 계속 진행한다. 2팀도 동일하게 한다. 3팀의 공연이 끝나면 다같이 모여서 인사를 한 후에 무대 밖으로 뛰어나간다.

♫ 어깨동무

활동자료

전래동요 CD.

활동방법

3~4명의 유아가 무대에 나와서 "친구친구 내친구 동무동무 내동무"를 느리게 부른 후 크게 소리친다.

"………… 얘들아 모여라."

어 깨 동 무 내 동 무 　 미 나 리 밭 에 앉 았 다

동 무 동 무 씨 동 무 　 보리가 나도록 씨 동 무

→5명의 유아가 어깨동무를 하면서 씩씩하게 걷다가 "내동무"에 한 명이 앉고, 4명이 가다가 "앉았다"에서 한 명이 앉고, 3명이 가다가 "씨동무"에서 1명이 앉고, 2명이 가다가 "씨동무"에서 한 명이 앉는다.

→1명 남은 유아가 되돌아오면서 "내동무, 앉았다. 씨동무, 씨동무"에서 어깨를 치면 앉아 있던 유아가 차례차례로 일어나서 어깨동무하고 제자리로 걸어온다.

어깨동무

전래동요/정성자 편곡

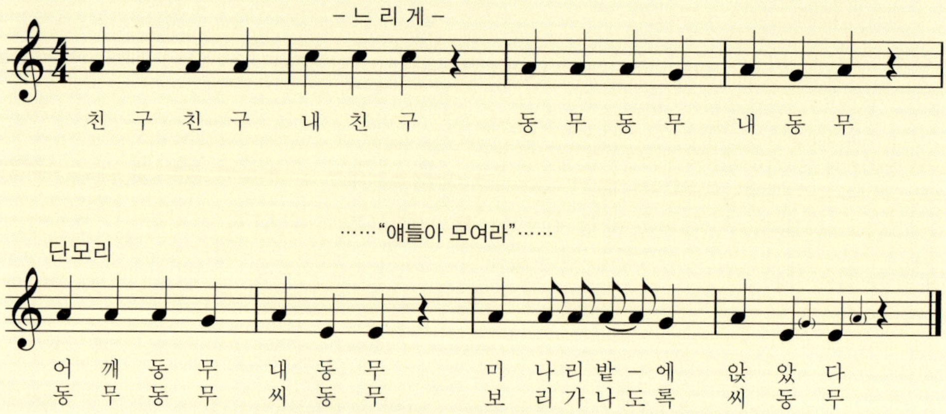

꼭꼭 숨어라

활동자료

전래동요 CD, 소품(장독, 기둥, 나무 등).

활동방법

[놀이활동 1]

- 음악이 나오면 유아들이 입장한다.
- 숨는 동작을 연출한다(뛰뛰기, 양팔 벌려서 흔들기, 왼손 허리·오른손 머리 앞에 두고 찾는 동작하기 등).

[놀이활동 2]

- "숨바꼭질"과 "꼭꼭 숨어라" 음악을 틀어놓고 유아가 놀이를 연출한다.
- 한 명의 유아가 기둥에 대고 눈을 감고 술래가 된다.
- 여러 명의 유아가 숨을 곳을 찾아 숨는다(장독, 기둥, 나무 등).

숨바꼭질

전래동요/정성자 편곡

꼭꼭 숨어라

전래동요

앞니빠진 중강새

활동자료

전래동요 CD.

활동방법

- 음악이 시작되자마자 유아 2명이 뛰어나간다.
- 그 후에 유아그룹 3~4명이 뛰어나간다(두 팀으로 나누어서).

1. 앞니빠진 유아 한 명은 입을 다물고 도망가는 모습.
2. 앞니빠진 유아 한 명은 앉아서 고개 숙인 모습.
3. 그룹의 유아들이 이 빠진 유아를 쫓아다니고 약 올리는 모습.

활동유의점

- 인원수는 유아의 수에 따라 조정할 수 있다.

앞니빠진 중강새

전래동요

자진모리

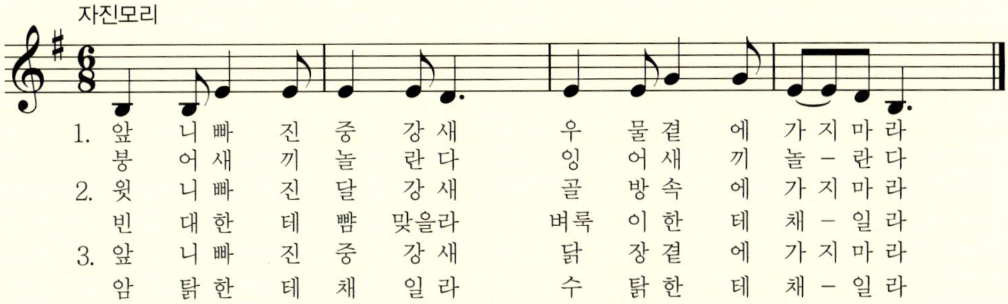

대문놀이

활동자료

전래동요 CD.

활동방법

[놀이활동 1]

(유아가 직접 노래 부르기)

① 2명의 유아가 대문이 되어 두 손을 서로 붙잡고 손을 높이 들고 대문 모양을 만든다.

② 한 줄로 줄을 선 유아들이 앞 친구의 허리를 붙잡고 숙여서 대문으로 들어가는 모습을 한다.

③ 일렬로 들어가다가 “덜커덩떵 열렸다”에서 술래가 들어온 유아를 손을 내리면서 잡는 모습을 한다.

[놀이활동 2]

(동요 CD)

① 2명의 유아가 짝이 되어 술래가 된 후 동대문(동쪽으로), 남대문(남쪽으로), 서대문(서쪽으로)의 3개 대문을 만든다.

문지기 문지기 문열어라	열쇠없어 못열겠네

→앞 친구의 어깨에 양손을 얹고 일렬로 유아들이 대문들 앞에서 왔다갔다 움직인다.

어떤 대문에 들어갈까	○○문에 들어가
→ 움직이기	→ 대문 이름에 따라 들어간다.

문지기 문지기 문열어라	덜커덩떵 "열렸다"

→ 선택된 대문으로 들어가다가 "열렸다"에서 술래가 양손을 내리면 잡힌 유아가 술래가 된다.

대문놀이

전래동요

줄넘기

활동자료

전래동요 CD, 긴 줄넘기 줄.

활동방법

- 두 명의 유아가 긴 줄넘기 줄을 마주 잡고 크게 돌린다.
- 줄을 선 유아들은 노래를 부르면서 가사에 맞게 한 명씩 이름을 부를 때 뛰어들어온다.
- 할머니, 두부장수, 색시를 순서대로 나가라고 할 때 줄넘기를 하다가 한 명씩 빠져나간다.

확장활동

- 긴 줄넘기 대신 다칠 염려가 없는 천으로 엮은 굵은 띠 줄을 만들어 활동한다.
- 할머니, 두부장수, 색시 이외에도 친구들의 이름을 부르면서 활동한다.

활동유의점

- 음악 CD 줄넘기 다음에 "꼬마야 꼬마야"의 음악 CD를 듣고 이어서 활동한다.

줄넘기

전래동요

꼬마야 꼬마야

활동자료

전래동요 CD, 긴 줄넘기줄.

활동방법

- 두 명의 유아가 줄을 마주 잡고 줄을 크게 돌린다.

꼬 마 야 꼬 마 야

→돌리는 줄로 뛰어들어온다.

만 세 를 불 러 라

→줄 안에서 뛰면서 만세 부른다.

뒤 를 돌 아 라

→뒤로 보면서 뛴다.

땅 을 짚 어 라

→뛰면서 땅을 짚는다.

잘 가 거 라 하 나 둘 셋

→바깥쪽으로 빠져나간다.

꼬마야 꼬마야

전래동요

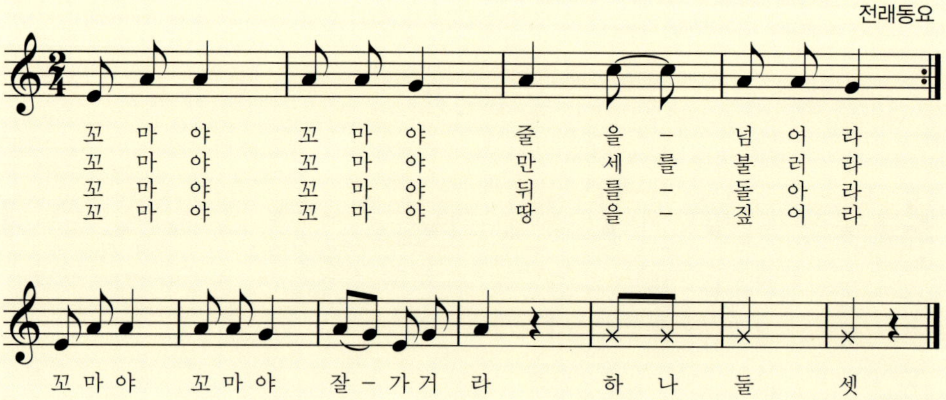

제2부

놀이활동의 실제

제2장

놀이로서의 국악

1 국악동화를 통한 장구악보 익히기

1) 국악나라 동물잔치

활동소개

유아들이 좋아하는 동물들을 동화로 엮어서 동물들의 다양한 소리를 통해 장단에 맞게 활용하는 방법이다. 장구의 각 장단을 동물 동화판으로 활용하여 유아들에게 장단을 기억할 수 있게 하는 효과적인 학습활동이다.

[굿거리 장단 동물 동화판]

활동자료

동물동화판 - 돼지, 참새, 오리, 해/달, 글자판.

동물 국악나라에 아침이 밝았습니다. 밝은 햇님이 자고 있는 오리에게 빛을 비추고 있었습니다.

아함! 눈부셔! 벌써 아침이야?

옆에서 자던 토끼가 그 소리를 듣고 일어났습니다.

안녕 토끼야! 잘 잤니?

응! 잘 잤어.

그때 참새가

얘들아 벌써 일어났니? 너네는 참 부지런하구나. 나도 부지런하지? 우리 돼지한테 가 보자. 돼지는 아마 아직도 잠잘 거야.

그래! 같이 가자! 랄랄랄라.

돼지야! 일어나! 오늘 우리 마을에 잔치가 있데! 빨리 가서 맛있는 거 먹으러 가자.

꿀꿀... 아유 졸려! 아! 맛있는 음식 먹으러 간다구?

아유 신나!

이제서야 돼지는 잠이 깨었나 봐요!

는 부지런히 마을을 지나고 있는데 잔치하는 곳에서 장구소리가 들려왔습니다. "덩 덕 쿵 더러러 쿵 덕 쿵덕"

얘들아. 우리 저 노래 한 번 불러 볼까? 내가 먼저 불러 볼게. 잘 들어봐!

"꽥 꽥 꽥 게게게 꽥 꽥 꽥 객"

"깡 총 깡 총총총 깡 총 깡 총"

"짹 짹 짹 째째째 짹 짹 짹 짹"

돼지야 한 번 불러 봐!

음음, 잘 할 수 있을까? 꿀 꿀 꿀 꾸꾸꾸 꿀 꿀 꿀 꿀"

와아! 짝짝짝! 잘했어 정말 잘했어. 우리 다같이 불러 보자.

⦶		ǀ	○	⁝		○		ǀ	○	ǀ	
덩		덕	쿵	더러러		쿵		덕	쿵	덕	
꽥		꽥	꽥	게게게		꽥		꽥	꽥	객	
깡		총	깡	총총총		깡		총	깡	총	
짹		짹	짹	째째째		짹		짹	짹	짹	
꿀		꿀	꿀	꾸꾸꾸		꿀		꿀	꿀	꿀	

이리하여 친구들은 잔치하는 곳에서 굿거리장단인 "덩 덕 쿵 더러러 쿵 덕 쿵덕" 을 부르며 맛있는 음식도 먹고 재미있게 놀았답니다. 어두컴컴해지자 달님이 얼굴을 내밀며

얘들아! 이제 그만 놀고 집에 들어가! 부모님이 기다리고 있잖니?

응?! 벌써 어두워지네? 고마워! 달님아!

안녕! 모두들 잘 가! 안녕!

2) 과일이야기

활동소개

- 장구의 입소리(구음)를 알려 준다.
- 정간보 부호를 보면서 익힌다.
- 부호와 비슷한 과일 그림을 보여주고 부호의 유사성을 확인한다.
- 부호에 맞게 교사가 장구를 쳐 본다.

활동자료

과일 그림, 정간보(부호), 장구

활동방법

① 그림카드를 사용해서 "과일이야기" 동화를 들려 준다.

[과일이야기]

옛날 과일나라에서는 배, 체리, 귤, 바나나, 오이가 살고 있었어요. 그들은 노래하기를 무척 좋아했답니다. 다섯은 함께 모이면 자기들의 이름으로 노래를 지어 덩, 기덕, 쿵, 덕, 더러러로 부르곤 하였어요. 그러던 어느 날 배 친구가 '우리만 재미있게 노래 부르지 말고 이웃 친구들에게도 알려주자!'라고 말했어요. 이 말을 들은 친구들은 자신의 얼굴을 그려놓은 칸 안에 악보를 만들었어요.

"이야! 우리의 모양과 너무 비슷하다. 그런데 체리야 너는 왜 거꾸로 서 있니?

"으응! 부호와 비슷하게 하려고 일부러 이렇게 서 봤어."

"정말 너는 똑똑해." 하고 귤이 칭찬해 주었어요.

배는 네 개의 과일보다 크고 꼭지가 있어 강박인 첫 박에 [⦶], 체리는 배보다 작고 꼭지가 있어 [¡] 으로(체리를 거꾸로 세운 모양).

귤은 동그라미 [○] 바나나는 [¦] 으로 오이는 [|] 으로 약속을 정했어요(그림카드를 제시한 후 보드에 붙인다.)

그리고 예쁜 이름도 붙여 보았어요.

'덩 [⦶] 쿵 [○] 기덕 [¡] 더러러 [¦] 덕 [|]'이라고 말입니다. 그리고 각자의 방까지 [ ]를 만들어서 그 칸에서 각자의 소리를 아름답게 불러 보았어요.

그리고 그들은 이웃 참외에게 악보를 만들어서 보내기로 했어요. 그들이 이웃 참외에게 보낸 악보는 아래와 같이 생겼어요.

배		체리	귤	바나나		귤		체리	귤	바나나	
⦶		¡	○	¦		○		¡	○	¦	

	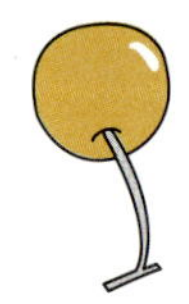		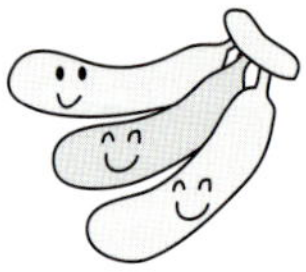	
배 (⦶)	체리(¡)	귤(○)	바나나(¦)	오이(|)

참외는 친구들이 보내 준 악보 그림을 보고 쉽게 따라 불렀습니다.

과일 나라의 친구들은 늘 행복했고 즐거운 노래를 부르며 세상 사람들의 아픔을 치료하는 봉사자들이 되었답니다(정성자, 유아국악, 2009).

2 동물 난타놀이

활동소개

- 난타 장단을 다양한 방법으로 익힌다(동물의 소리, 손뼉 치기, 발 구르기, 무릎 치기 활용).
- 장단의 빠르고 느림을 안다.
- 장단의 강·약을 구별한다.
- 흥겹고 즐거운 말장단 활동을 활용한다.

활동자료

동물 박자 그림판, 정간보, 리듬카드.

활동방법

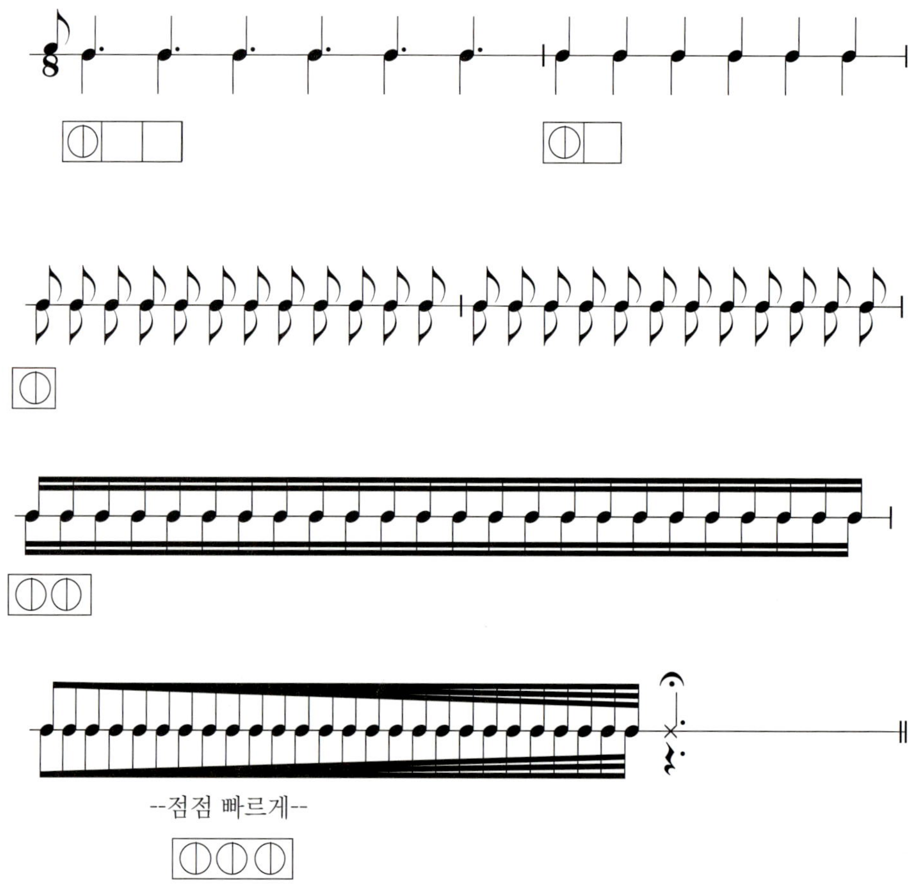

1) 그림카드 활동

	♩.	⦶			⦶			⦶			⦶			⦶			⦶		
		엉			금			엉			금			엉			금		
	♩	⦶		⦶		⦶		⦶		⦶		⦶		⦶		⦶			
		야		옹		야		옹		야		옹		야		옹			
	♪	⦶	⦶	⦶	⦶	⦶	⦶	⦶	⦶	⦶	⦶	⦶	⦶	⦶	⦶	⦶	⦶	⦶	⦶
		깡	총	깡	총	깡	총	깡	총	깡	총	깡	총	깡	총	깡	총	깡	총
	♬♬	⦶	⦶	⦶	⦶	⦶	⦶	⦶	⦶	⦶	⦶	⦶	⦶	⦶	⦶	⦶	⦶	⦶	⦶
		후	다	다	다	후	다	다	다	후	다	다	다	후	다	다	다	후	다
				⦶⦶⦶			⦶⦶⦶			⦶⦶⦶⦶				⦶⦶⦶⦶				······	
				후 다 닥			후 다 닥			후 다 다 닥				후 다 다 닥				······	

- 거북이, 고양이, 토끼, 타조의 그림카드를 제시하고 동물의 소리를 느리고 빠른 속도로 속도의 감각을 익혀 본다.
- 동물 밑에 속도에 맞는 박자의 정간보와 리듬카드를 붙여 본다.
- 동물에 맞는 동작으로 동물소리를 부르며 표현 활동을 한다.

2) 리듬 익히기와 구음활동

- 리듬 익히기

리듬에 맞게 손뼉치기를 함으로 장단의 느림과 빠름, 강·약을 구별한다.

- **리듬 연습**(박자와 속도감 이해하기)-

- 장구의 구음 활동

장구의 입소리인 "덩"으로 손뼉을 치면서 입소리를 부르며 박자 대로 악보에 맞게 활동해 본다.

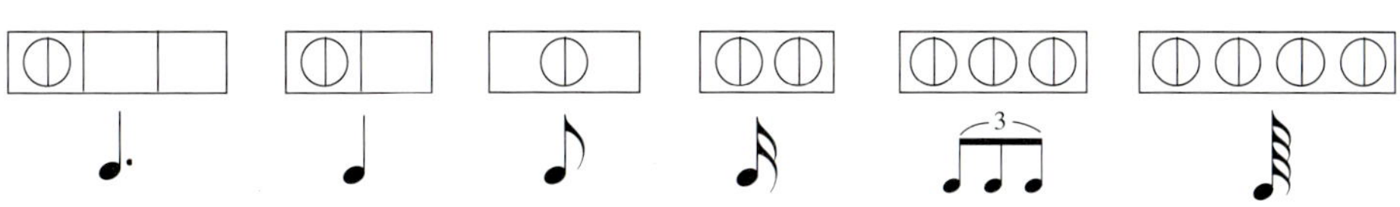

마무리 : 교사가 장구 장단으로 난타를 쳐 주고 유아들은 장구 장단에 맞게 동물의 소리, 손뼉치기, 구음으로 활동한다.

교육 효과 : 국악의 3분 복합 박자 리듬을 쳐 봄으로써 박자의 개념을 알 수 있다.

Tip

거북이, 고양이, 토끼, 타조 외의 다른 동물도 활용할 수 있고, 교통기관인 자전거, 오토바이, 자동차, 기차 등으로도 확장활동할 수 있다

3 인체를 활용한 동작놀이

1) 인사 장단

활동소개

수업 시 시작과 끝을 알리는 장단으로 유아들이 신체를 이용한 몸 장단으로, 연령별 인사장단을 접목한다.

활동자료

인체.

도 입

유아에게 인사하는 방법들에 대해 알아본다.

활동방법

리듬	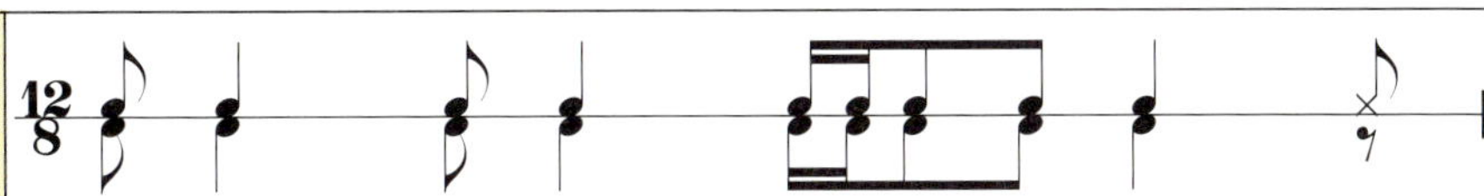			
입장(구음)	덩 덩 (허이)	덩 덩 (허이)	더 더 덩 덩	덩 – 따!
악보부호	⦶ ⦶	⦶ ⦶	∣ ∣ ⦶ ⦶	⦶ ×
말장단	안 녕 (허이) 안 녕 (허이)	안 녕 (허이) 안 녕 (허이)	선 생 님 – 여 러 분 –	안 – 녕 안 – 녕
손뼉장단(리듬대로)	짝 짝 (허이)	짝 짝 (허이)	짜 자 짝 짝	짝 – 짝
손동작(5세)	두 번 치고 양손 위로 올리기	두 번 치고 양손 위로 올리기	리듬대로 치기	가슴 앞에서 양손 치고 위로 올린 후 내리면서 인사
손동작(6세)	두 번 치고 오른쪽으로 왼손 뿌리기	두 번 치고 왼쪽으로 양손 뿌리기	리듬대로 치기	가슴 앞에서 양손 치고 위로 올린 후 내리면서 인사
손동작(7세)	무릎, 손뼉 오른쪽으로 양손 뿌리기	무릎, 손뼉 왼쪽으로 양손 뿌리기	리듬대로 치기(책상, 무릎)	손뼉치고 왼팔 옆으로 벌리고 오른손 옆에서 꺾어서 얼굴 앞에서 인사

2) 장단 몸동작 놀이

(1) 굿거리장단

[손동작을 해 보아요]

활동소개

장구 장단인 굿거리장단으로 신체를 활용하여 몸과 손을 움직여 봄으로 장단의 흐름과 한국 춤동작을 익힌다.

활동자료

장구, 굿거리장단 음악 CD (동요, 민요).

도 입

- 국악의 장단을 소개한다.
- 장단의 속도를 알아본다.
- 굿거리장단의 동요나 민요를 들어 본다.

활동방법

동작 1. 준비자세-오른손 앞, 왼손 뒤로 놓는다.
2. 준비자세에서 왼손 앞 오른손 뒤로 움직인다.
3. 오른손 앞으로 내민다.
4. 왼손 앞으로 내민다.
5. 양손 앞에서 흔든다.
6. 양손 흔들면서 옆으로 편다.
7. 어깨춤을 춘다.
8. 양손 흔들면서 위로 올린다.
9. 양손 위에서 오른쪽, 왼쪽으로 흔든다.
10. 양손 위에서 뿌리면서 내려온다. (마무리 동작 : 양손 허리잡기)

〈동작 2〉

(2) 자진모리장단

[손동작을 해 보아요]

활동소개

장구장단인 자진모리장단으로 신체를 활용하여 몸과 손을 움직여 봄으로 장단의 흐름과 한국 춤동작을 익힌다.

활동자료

자진모리장단 동요, 민요 CD 또는 장구(교사).

도 입

- 자진모리장단을 교사가 흥겹게 쳐 준다.
- 유아들은 장단에 맞추어 자유롭게 표현해 본다.
- 다양한 팔동작을 자유롭게 표현해 본다.

활동방법

교사가 먼저 시범을 보여 준다.

동작 1. 양손으로 앞의 옷깃을 잡는다. (준비자세)
2. 준비자세에서 몸을 앞뒤로 숙이고 든다.
3. 왼손 배 앞, 오른손 허리 뒤로 번갈아 가면서 흔든다.
4. 양손 흔들면서 앞으로 내민다.
5. 오른손 흔들면서 옆으로 편다.
6. 왼손 흔들면서 옆으로 편다.
7. 양손 옆으로 펴서 어깨춤을 춘다.
8. 오른팔 귀 뒤로 감고, 왼팔 귀 뒤로 감아서 팔을 편다.
9. 양손 위로 흔들면서 올라간다.
10. 양손 위에서 오른쪽, 왼쪽으로 흔든다.
11. 양손 위에서 뿌리면서 기본자세로 마무리한다.

〈동작 8〉

[뛰어 보아요]

활동소개

자진모리장단에 맞추어 호흡을 하며 양발로 뛰어 보는 활동이다.

활동자료

자진모리장단 동요 CD, 장구(교사).

도 입

- 교사가 자진모리장단을 쳐 주고 유아들이 자유롭게 뛰어 보도록 한다.
- 교사가 자진모리장단으로 뛰어 본다.

활동방법

동작 1 : 제자리에서 팔을 앞뒤로 흔든다.
2. 제자리에서 팔을 앞뒤로 흔들면서 뛴다.
3. 전진하면서 팔 앞뒤로 흔들고 뛴다.
4. 후진하면서 팔 앞뒤로 흔들고 뛴다.
5. 왼쪽으로 원을 만들며 돌면서 뛴다.
6. 오른쪽으로 원을 만들며 돌면서 뛴다.
7. 큰 원을 만들면서 뛴다.
8. 원 안으로 뛰어들어 간다.
9. 원 제자리로 나오면서 뛴다.
10. ⇆ 방향으로 나누어서 뛴다.

4 나는 어떤 악기일까요?

1) 북소리가 나는 악기 탐색

《장 구》

활동소개

우리 국악 리듬 악기를 대표하는 북소리가 나는 장구를 수수께끼 놀이를 통해 장구에 대한 다양한 질문 목록을 작성한다. 교사는 유아들에게 질문하여 답을 말할 수 있게 함으로 호기심을 유발하여 탐색활동으로 이어지는 기초학습 과정이다.

활동자료

장구(궁글채, 채).

도 입

- 수수께끼 놀이에 대한 규칙을 설명한다.
- 교사가 말하는 악기에 대해 끝까지 들은 후 손들고 대답한다.

활동방법

[장구 수수께끼 놀이]

- 교사가 장구가 되어 질문을 하면 유아들이 손들고 대답한다 -

- 나는 북소리가 나요!
- 나는 한 손으로도 치고 양손으로도 쳐요!
- 나는 앉아서도 치고 서서도 칠 수 있어요!
- 나의 소리는 높고 낮음이 있어요!
- 나는 두 개의 채로 소리를 내어요!

- 나는 가죽옷을 입었어요!
- 나의 몸통은 절구통같이 생겼어요!
- 나의 몸에는 양쪽을 이어주는 줄이 있어요!
- 나는 여러 가지 리듬을 칠 수 있어요!

[장구 소리 탐색하기]

- 교사는 ⦶(덩) ○(쿵) |(덕) 을 유아들이 칠 수 있도록 설명한다 -

- 2팀으로 나누어 책상 위에 장구를 놓고 채와 궁채를 옆에 놓아둔다.
- 유아들을 일렬로 줄을 세운다.
- 양손에 채를 들고 소리를 내면서 탐색해 본다.

확장활동

- 장구 소리와 비슷한 북소리를 알아본다.
- 풍물북으로도 위와 같은 방법으로 지도한다.

2) 쇳소리가 나는 악기 탐색

《 꽹과리 》

활동소개

우리나라 리듬타악기 중 쇳소리를 대표하는 꽹과리 리듬의 정확한 장단을 알 수 있고 쇳소리의 특징을 이해할 수 있다.

활동자료

꽹과리, 채.

도 입

- 수수께끼 놀이에 대한 규칙을 설명한다.
- 교사가 말하는 악기에 대해 끝까지 들은 후 유아는 손들고 대답한다.

활동방법

[꽹과리 수수께끼 놀이]

- 교사가 꽹과리가 되어 말하고 다 듣고 난 뒤 손들고 대답한다 -

- 나는 쇳소리가 나요!
- 나는 왼손으로 잡고 오른손으로 쳐요!
- 나는 오른손에 끝이 둥근 채를 잡아요!
- 나는 동그랗게 생겼어요!
- 나는 약간 검은 빛의 옷을 입었어요!
- 나의 소리는 아주 세게 나요!
- 나는 여러 가지 리듬을 칠 수 있어요!

[꽹과리 소리 탐색하기]

- 교사는 왼손으로 꽹과리 잡는 법과 오른손으로 치는 방법을 설명한다.
- 2팀으로 나누어 책상 위에 꽹과리와 채를 놓아둔다.
- 유아들은 두 줄로 세운다.
- 악기를 치기 전에 주의사항을 말한다.
  (꽹과리 소리는 아주 크기 때문에 작게 치도록 한다.)
- 리듬에 관계없이 자유롭게 쳐 보도록 한다.
- 꽹과리를 잡고 쳐 봄으로 소리를 탐색한다.

확장활동

- 꽹과리 소리와 비슷한 쇳소리를 알아본다.
- 징을 보여 주고 위와 같은 방법으로 지도한다.

5 장구부호 활동

1) 장구부호 익히기

활동소개

정간보의 장구부호를 통해 채편(덕), 궁편(쿵), 양편(덩)을 손과 발을 활용하여 익히는 놀이 방법이다. 박자와 장구의 입소리를 신체를 활용하여 재미있게 악보 익히기로 도입하는 활동과정이다.

활동자료

정간보 카드, 장구.

도 입

- 우리 몸 살피기
- 손, 발 역할 이야기하기

활동방법

⦶	○	ㅣ
덩	쿵	덕

- 의자에 앉아서 활동하기-

- 손으로 표현하기 : 오른손, 왼손, 양손을 든다.
- 발로 표현하기 : 오른발, 왼발, 양발 디디기를 한다.
- 악보 보고 손, 발 들기 : 오른손, 왼손, 양손 들기를 한다(발도 동시에 같이 든다).
- 장구 입소리 말하기 : 교사가 정간보 카드를 들면 유아는 입소리를 낸다.
- 손을 들어 표현하기 : 교사가 정간보 카드를 들면 유아는 손을 들어 표현한다.
- 발을 들어 표현하기 : 교사가 정간보 카드를 들면 유아는 발로 표현한다.
- 교사가 장구를 치면 유아들은 손들기, 발들기, 입소리를 해 본다.

2) 장구부호 스티커 붙이기

활동소개

장구부호와 비슷한 물체를 부호 밑에 스티커를 붙여 보는 활동이다. 다양한 물체들의 모양으로 악보부호에 재미있게 근접할 수 있는 놀이로, 장구부호를 이해하는 데 도움이 되는 활동이다.

활동자료

장구부호카드, 과일 스티커, 생활도구 스티커.

도 입

- 장구의 부호 리듬 카드를 보여 준다.
- 장구의 오른쪽, 왼쪽, 양쪽 악보를 설명한다.

활동방법

[비슷한 모양 붙이기]

- 장구 부호 카드를 보고 비슷한 모양의 그림 카드를 붙인다.
  (시계 6시 방향, 젓가락, 오이, 볼펜, 접시, 오렌지, 사과, 숟가락, 체리, 비엔나소시지, 단추 등).

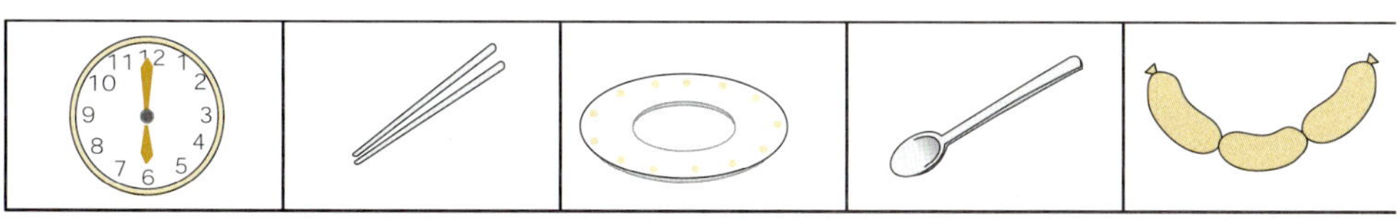

⦶	|	○	ǀ̇	⁞
덩	덕	쿵	기덕	더러러

[장구부호 카드 붙이기]

- 유아들이 한 명씩 나와서 장구부호에 적합한 스티커를 붙여 본다. (7세)

확장활동

세마치, 자진모리, 단모리 장단을 스티커 붙이기로 활동한다.

3) 박자에 맞는 스티커 붙이기

활동소개

흥미로운 다양한 종류의 스티커를 정간보 밑에 붙여 봄으로 정간보의 박자를 이해하는 데 도움이 되는 놀이활동이다.

활동자료

스티커(과일, 별, 꽃 등), 부호 카드.

도 입

- 동물의 속도에 대해 알아본다. (느리기, 빠르기)
  메트로놈(핸드폰 어플 검색)으로 느리고 빠른 박자의 종류를 들려 준다.
- 음악에서 박자의 중요성을 설명한다.
- 유아들이 좋아하는 스티커를 활용한다.

활동방법

- 정간보에 있는 부호카드를 박자별로 보여 준다.
- 박자에 따른 스티커를 붙여 본다. (교사)

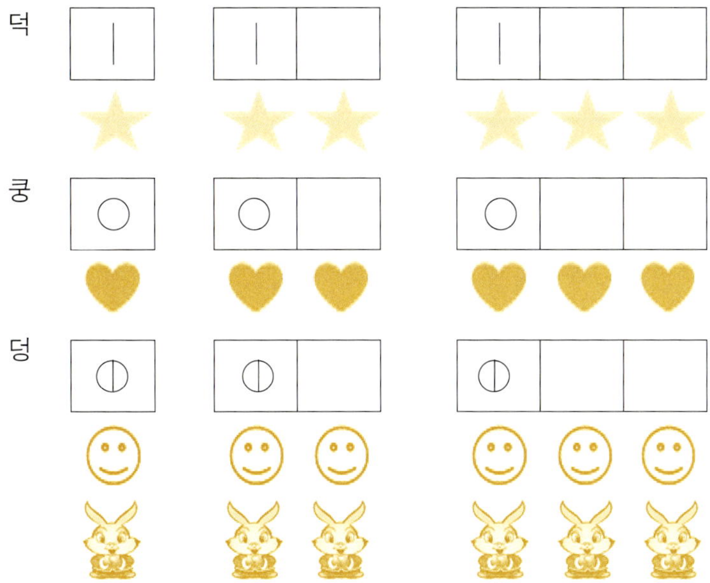

- 유아들이 나와서 직접 붙여 본다.
- 장단에 맞는 스티커를 붙여 본다. (7세)

<굿거리장단>

<단모리장단>

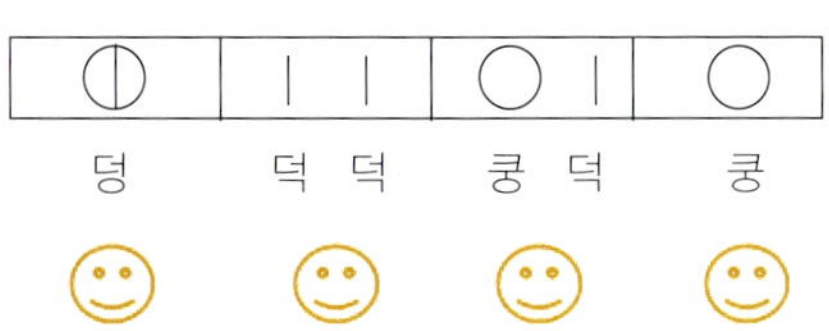

확장활동

7세는 이외에도 세마치, 자진모리장단에 맞는 박자 붙이기 활동을 한다.

6 리듬놀이 활동

1) 내 이름은 음표예요

활동소개

장구악보인 정간보에 이어 리듬 악보를 통해 1박, 2박, 3박 개념을 익힌다. 과일 스티커를 활용하여 리듬에 맞게 과일의 수를 붙여 보는 놀이이다.

활동자료

리듬판, 과일스티커.

도 입

- 리듬에 대해 설명한다.
- ♪, ♩, ♩. 리듬을 의인화하여 내 이름은 8분 음표, 4분 음표, 점 4분 음표로 소개한다.

활동방법

① 박자의 개념을 익힌다. ♪ (1박) ♩ (2박) ♩. (3박)

② 좋아하는 과일스티커를 붙인다.

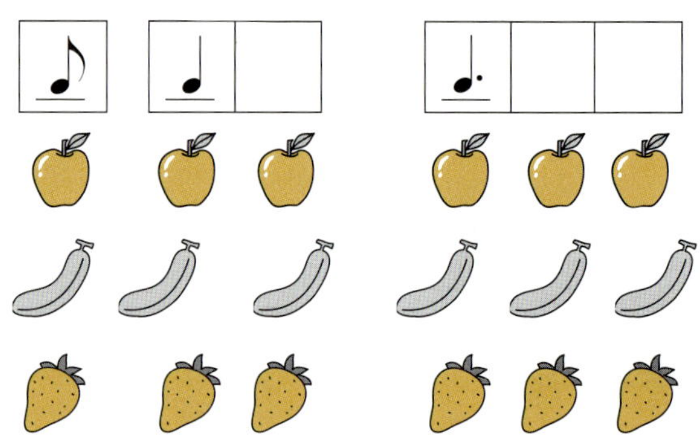

활동활동

과일 외에 유아들이 좋아하는 별, 꽃 등 여러 가지 물체의 스티커를 붙인다.

2) 짝을 맞추어 보아요

활동소개

리듬보 놀이를 통한 박자개념을 익힌 후 리듬보와 같은 박자인 정간보를 붙여 보는 활동이다.

활동자료

리듬 카드, 정간보 카드.

도 입

리듬보의 박자와 정간보의 박자를 설명하고 같은 박자임을 확인한다.

활동방법

① 리듬카드를 보여주고 정간보 박자의 입소리를 불러 본다.

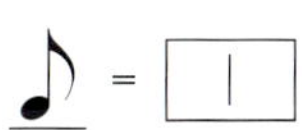
〈오른손 채치기〉
덕

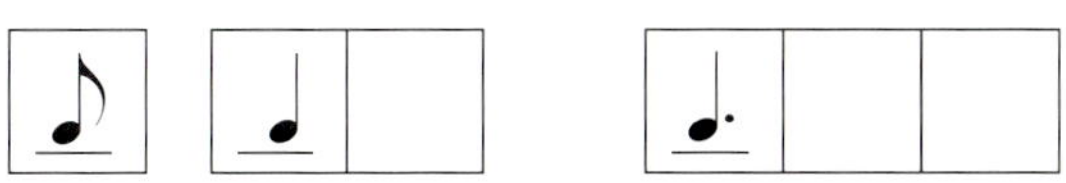
1박 2박 3박

- 정간보와 부호를 설명한다.

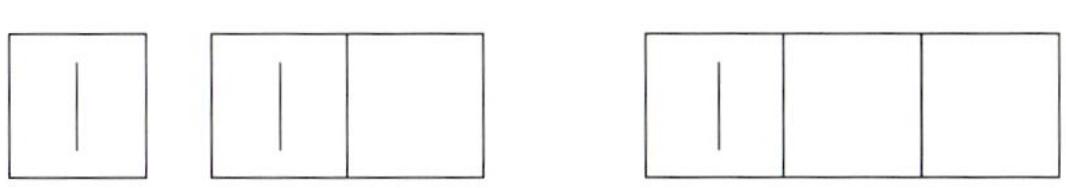
1박 2박 3박

② 리듬카드 밑에 같은 박의 정간보 카드를 붙인다(유아들이 나와서 직접 붙여 본다).

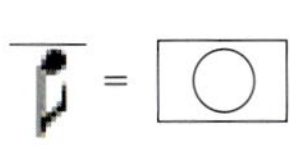
〈왼손 궁편치기〉
쿵

- 리듬카드를 보여 주고 정간보 박자와 입소리를 불러 본다.

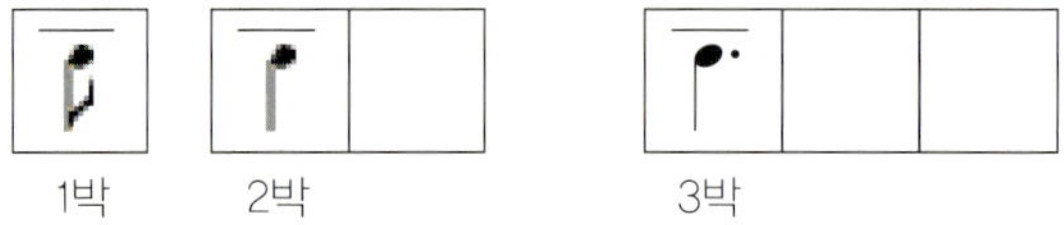

- 정간보와 부호를 설명한다.

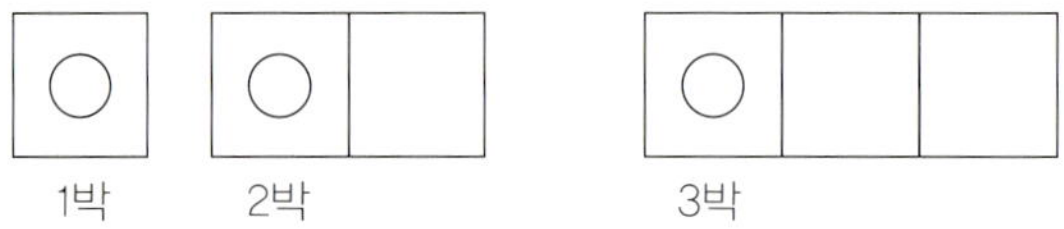

③ 리듬카드 밑에 같은 박의 정간보카드를 붙인다. (유아들이 나와서 직접 붙여 본다.)

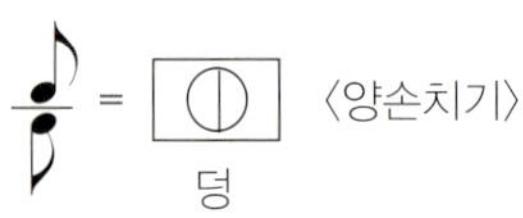

- 리듬카드를 보여 주고 정간보 박자와 입소리를 불러 본다.

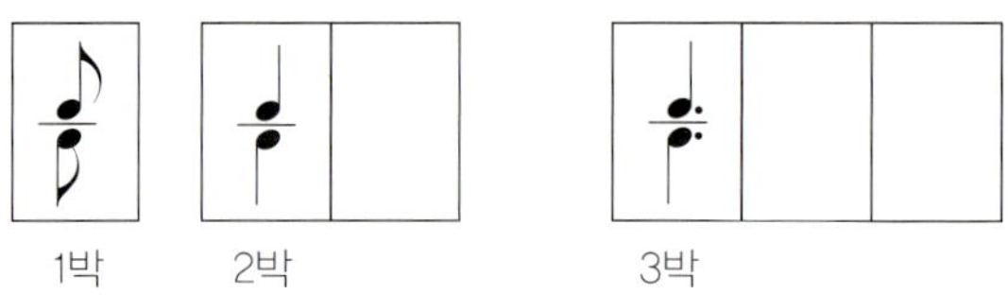

- 정간보와 부호를 설명한다.

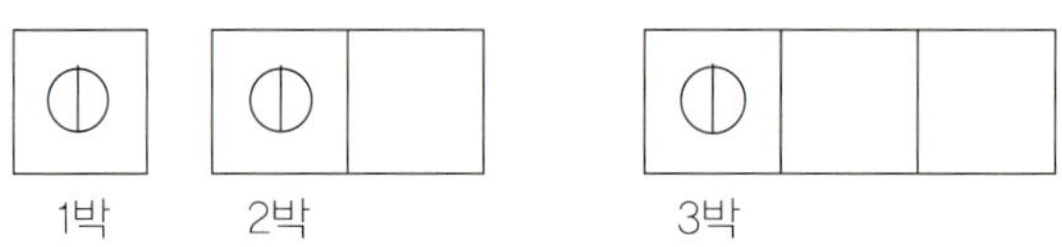

※ 여러 개의 리듬카드 밑에 같은 박의 정간보를 찾아서 붙인다. (유아들이 나와서 직접 붙여 본다.)

7 바닥놀이 활동

1) 악보놀이

활동소개

장구의 오른손(채)과 왼손(궁채), 오른발과 왼발로 바닥놀이 활동을 한다.
오른발 [|], 왼발 [○], 양발 [⦶] 을 바닥에 있는 정간보를 따라 발을 디디는 활동으로 장구의 박자와 정간보, 입소리를 익히는 데 도움이 되는 게임놀이 형태이다.

활동자료

바닥놀이 정간보 2개(정간보, 부호, 입소리, 발바닥 표시판), 꽹과리.

도 입

- 장구의 리듬보와 정간보, 악보부호(입소리)를 설명하고 복습한다.
- 발 표시에 대해 설명한다.

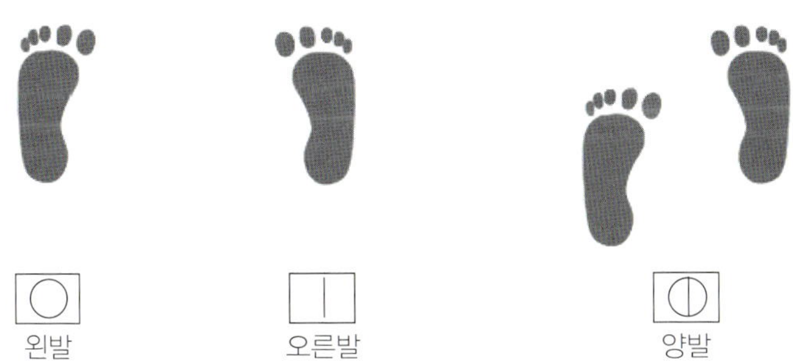

활동방법

- ㅣ자형 바닥놀이 악보를 2개 준비한다.
  ① 유아에게 발놀이 악보를 보여 주며 흥미를 유발시킨다.
  ② 두 팀으로 줄을 세운다.
  ③ 교사가 먼저 시범을 보인다.

④ 유아는 악보에 따른 발을 디디면서 장구의 입소리를 크게 부른다.

⑤ 먼저 들어온 팀이 게임 놀이에서 이기게 된다.

⑥ 꽹과리의 소리로 출발과 도착을 알린다.

확장활동

11형 바닥놀이에서 +자형으로 바꾸어서 활동한다.

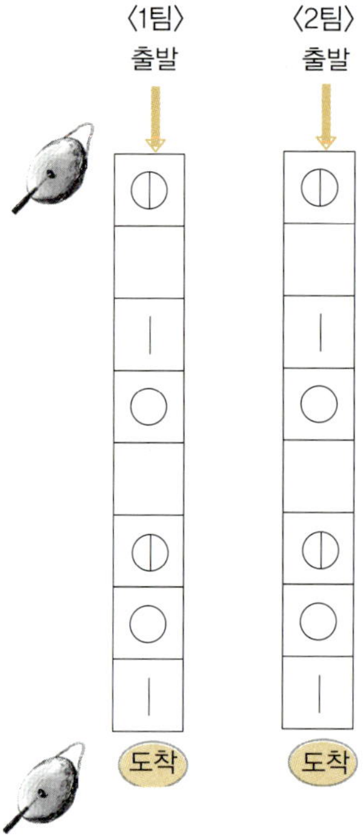

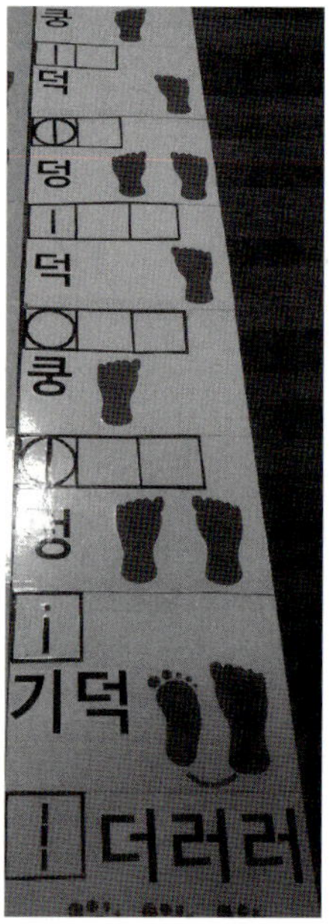

2) 기찻길 놀이

활동소개

장구악보를 교통기관인 기차모양의 놀이판을 활용하여 악보부호를 통해 오른발, 왼발로 디디는 놀이로 부호에 대한 손의 방향을 익히는 게임놀이 학습형태이다.

활동자료

기차길 놀이판, 징, 꽹과리, 시계.

도 입

- 기차에 관한 이야기를 한다.
- 장구 입소리로 기차놀이를 해 본다.
- 매트 기찻길을 보여 준다.

활동방법

- 일어서서 오른발, 왼발, 양발 디디는 연습을 한다.
- 장구 입소리를 설명한다.

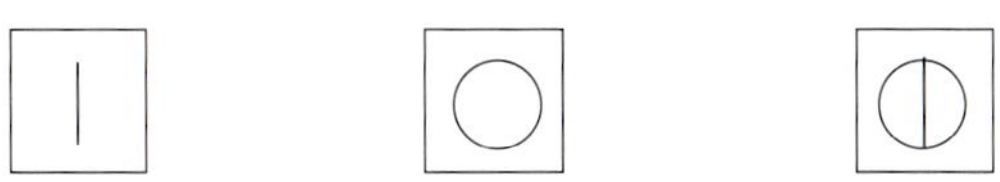

"덕"소리 = 오른발　　"쿵"소리 = 왼발　　"덩"소리 = 양발

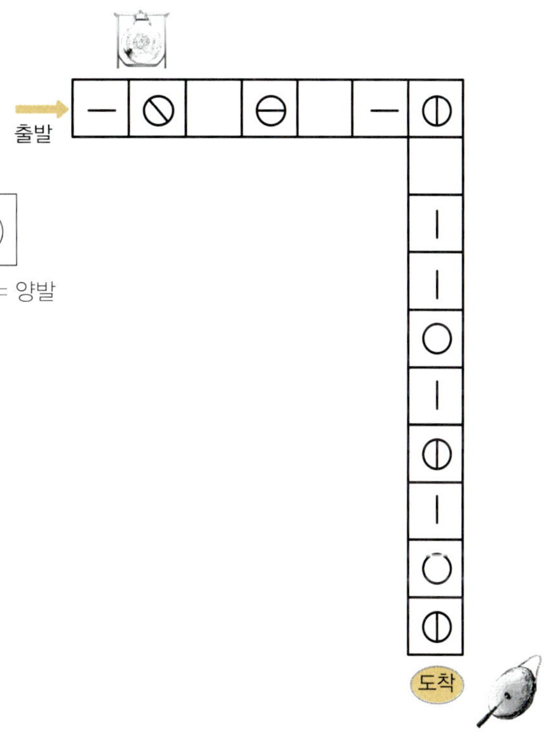

- 발 표시 그림을 설명한다.
- 게임설명

① "징"은 교사가 출발점에서 친다.

② 팀별로 나누어서 일찍 도착하는 팀이 이긴다.
(보조교사는 도착점에서 도착 시를 알리는 시계를 보고 시간을 알린다.)

③ 1명의 유아가 나와서 활동한다(오른발, 왼발, 양발 그림과 장구부호를 보고 발을 디딘다). 앉아 있는 친구들을 "덕, 쿵, 덩"의 장구 입소리를 불러 준다. 활동 중인 유아가 도착하면 1명의 유아가 꽹과리를 친다.

8 정간보를 활용한 즐거운 한삼놀이

1) 리듬보 한삼놀이

활동소개

양손에 채를 들고 리듬보를 보고 한삼을 들었다가 내리는 놀이형태로 바닥이나 걸상에 앉아서 한삼놀이를 하는 활동이다.

활동자료

한삼 2개, 소고채 2개, 리듬카드.

도 입

- 한삼을 사용한 한국무용의 비디오 또는 사진을 보여 준다.
- 한삼을 끼고 자유롭게 팔을 들고 내려 본다.

활동방법

- 리듬카드를 보고 박자를 익혀 본다.
- 소고채를 잡고 그 위에 한삼을 끼우는 연습을 한다.

- 오른손, 왼손, 양손의 악보를 보고 팔을 들어 보고 내린다.

- 한삼을 리듬카드 박자에 따라 흔들어 본다.
  1박-한 번 흔들기, 2박-두 번 흔들기, 3박-세 번 흔들기
- 오른손, 왼손, 양손의 리듬을 번갈아가면서 흔들어 본다.

확장활동

교사는 박자를 맞추어 주기 위해 한삼 안에 채 대신 캐스터네츠를 들고 딱딱 소리를 내면서 박자를 짚어 준다.

2) 정간보 한삼놀이

활동소개

- 교실 바닥에 장구 악보인 정간보의 부호놀이판과 구음놀이판을 준비하고 그 위로 유아가 양손에 한삼을 끼고 부호대로 팔을 내밀며 활동하는 놀이 활동이다.

활동자료

한삼 2개, 부호놀이판, 구음놀이판.

활동방법

- 한삼놀이의 활동으로 정간보를 익힐 수 있다.
- 바닥에 어린이들이 뛸 수 있는 놀이판 2개를 만든다.
- 각 부호와 구음이 쓰여 있는 카드를 찍찍이 카드로 만든다.
(자유자재로 활용할 수 있도록)
- 왼쪽과 오른쪽에 있는 부호와 구음이 일치하도록 한다.
- 한삼을 준비한다. (색깔을 달리 사용해도 무방함)
- 어린이는 2팀으로 나누어 장구의 입소리를 크게 말하면서 바닥에 있는 놀이판을 디딘다. (부호놀이판, 구음놀이판)
- 교사는 한삼을 활용해서 아래와 같이 신호를 한다.
- 덩 [⦶] 은 양팔 벌리기, 쿵 [○] 은 왼손 내밀기,
덕 [|] 은 오른손 내밀기, 더러러 [⋮] 는 오른손 흔들기로 같이 해 본다. (발도 손과 같은 방향으로 디딘다.)
- 교사의 신호에 따라 2팀의 유아가 나와서 양손에 한삼을 끼고 활동한다.
- 부호놀이판과 구음놀이판을 번갈아 실행한다.
- 교사 대신 유아가 나와서 한삼으로 신호를 한다.

확장활동

- 부호와 구음놀이판 위에 악보를 보고 양손을 사용하여 활동한다.
- 한삼활동 시 신체활동 외에 장구의 입소리(구음)를 부르면서 활동한다.

Tip

도착												출발
←	⊖	○	—		○	···		⊖	○	—	⊖	←

〈부호놀이판〉

도착												출발
←	덩	쿵	덕		쿵	더러러		덩	쿵	덕	덩	←

〈구음놀이판〉

9 탈춤을 추어보세

1) 탈춤

활동소개

타령장단으로 된 우리나라의 탈춤을, 장단의 흐름과 춤사위를 알아봄으로 탈춤의 특징을 파악한다.

활동자료

소고채 2개, 한삼, 장구(교사), 탈춤 CD.

도 입

- 탈의 종류에 대해 알아보고 설명한다.
- 탈춤의 영상을 보여 준다.

활동방법

[노래익히기]

① 탈춤의 노래를 불러 본다.

② 교사가 장구로 타령장단을 친다.

③ 장단에 맞추어서 노래를 부른다.

④ 추임새 "얼쑤, 절쑤"를 넣어 본다.

[춤동작 익히기]

– 구음과 노래를 부르면서 활동하기 –

① 양손에 소고채나 소고채 크기의 막대를 잡고 그 위에 한삼을 낀다.

	⦶			⦶		|	⦶		|	×		×
	덩			덩		덕	덩		덕	얼 절		쑤 쑤) 양손 위로 뿌리기
	······리듬에 맞추어 채치기······											
②	탈			춤		을	추		어	보		세
	양손을 위로 들고 오른쪽, 왼쪽으로 절도 있게 흔든다.											
③	장			단		에	맞		추	어		서
	양손을 위로 들고 오른쪽, 왼쪽으로 힘 있게 돌린다.											
④	흥			겹		게	추		어	보		세
	양팔 펴서 왼팔, 오른팔을 꺾는다.											
⑤	힘			차		게	추		어	보		세
	양손을 위에서 ≷ 형태로 뿌리면서 위에서 아래로 내려온다.											

타령장단

⦶			⦶		|	⦶		|	×		×
덩			덩		덕	덩		덕	얼 절		쑤 쑤

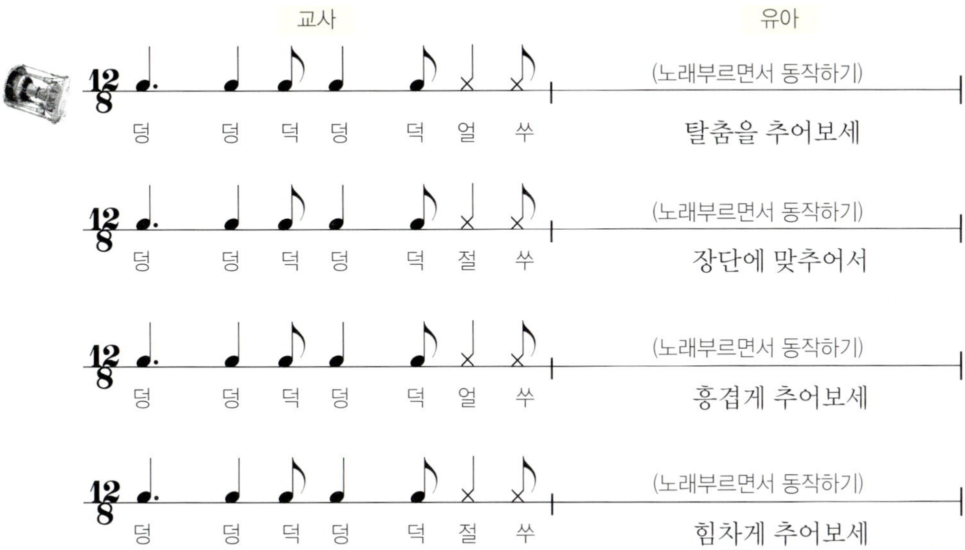

10 부채를 흔들어 보아요

1) 굿거리장단

활동소개

부채를 활용하여 자진모리장단에 맞추어 우리나라 춤인 부채춤의 기본동작을 익힌다.

활동자료

부채(2개), 굿거리장단 음악 CD(동요나 민요), 부채춤 사진이나 동영상.

부채 - • 한국춤에 사용되는 유아용 부채(6, 7세).

• 일반 부채(5세).

도 입

- 여름에 대하여 설명한다.
- 무더운 더위를 시원하게 해주는 도구를 탐색한다.
- 한국춤 중에 부채춤에 대한 사진 또는 그림을 설명한다. (동영상 보기)

활동방법

① 오른손으로 부채 부치기 ----- 1장단(부채 4번 흔들기)

② 왼손으로 부채 부치기 ----- 1장단(부채 4번 흔들기)

③ 양손으로 부채 부치기 ----- 1장단(부채 4번 흔들기)

④ 양손으로 앞에서 부채를 눕힌 후 흔들면서 오른쪽으로 이동하기 ----- 1장단(4번 흔들면서 움직이기)

⑤ 양손으로 앞에서 부채를 눕힌 후 흔들면서 왼쪽으로 이동하기 ----- 1장단(4번 흔들면서 움직이기)

⑥ 양손으로 얼굴 가렸다 내렸다 하기 ----- 1장단(4회)

⑦ 양손으로 엉덩이 뒤, 앞으로 오기 ----- 1장단(4회)

2) 자진모리장단

[부채로 형태 만들기]

활동소개

부채를 활용하여 자진모리장단에 맞추어 우리나라 춤인 부채춤의 기본동작과 부채춤에 많이 활용되는 산, 물결, 꽃 등의 형태를 익혀 본다.

활동자료

부채(2개), 자진모리장단 음악 CD(동요나 민요).

부채 - • 한국 춤에 사용되는 유아용 부채(6, 7세).

• 일반 부채(5세).

도 입

- 여름에 대하여 설명을 한다.
- 무더운 더위를 시원하게 해 주는 도구를 탐색해 본다.
- 한국춤 중에 부채춤에 대한 사진 또는 그림을 설명한다.
- 부채로 형태를 만든다 – 산, 물결, 꽃 등.

활동방법

① 양손에 부채를 잡고 오른쪽, 왼쪽 움직이기 ----- 2장단

② 오른손 부채로 얼굴 앞에서 부채 흔들기 ----- 1장단

왼손 부채로 얼굴 앞에서 부채 흔들기 ----- 1장단

③ 양손 부채 벌렸다가 제자리로 돌아오기 ----- 2장단

④ 오른손 흔들면서 위로 올리기 ----- 1장단

왼손 부치면서 위로 올리기 ----- 1장단

⑤ 양손 들고 오른쪽, 왼쪽으로 흔들기 ----- 2장단

⑥ 위에서 뿌려서 내려와서 얼굴 앞 가리기 ----- 2장단

⑦ 산 모양 만들기  ----- 2장단 ~ 4장단(인원수에 따라)

⑧ (파도) 모양 만들기  ----- 2장단 ~ 4장단(인원수에 따라)

⑨ 꽃 모양 만들기  ----- 2장단 ~ 4장단(인원수에 따라)

11 장구 기본치기

1) 보물을 찾아보아요

활동소개

장구 소리와 부호의 연관성 파악하기.

활동자료

정간보 카드, 숲 속 그림 보자기.

도 입

- 교사가 정간보 카드를 보면서 가르쳐 준다.
- 게임방법을 설명해 준다.

활동방법

- 숲 속 그림 보자기 안에 리듬카드를 골고루 섞어 놓는다.
- 숲 속에서 보물찾기 놀이활동을 설명한다. (보물: 정간보카드)
- 유아를 두 팀으로 나눈다.
- 교사가 장구를 치면 두 팀에서 나온 유아는 교사의 장구 소리를 듣고 숲 속 그림에서 해당되는 보물카드를 찾는다. (덩, 쿵, 덕, 더러러, 넘김쿵)
- 정간보카드를 맞게 찾은 유아에게는 스티커를 팔에 붙여 준다.

*순서대로 계속 이어 나간다.

활동유의점

정간보 카드는 2장씩 준비한다.

2) 장구 소리 흉내 내기

활동소개

장구를 쳐 봄으로써 오른쪽(채편), 왼쪽(궁편) 소리를 탐색한다.

활동자료

장구 2대(궁채, 열채).

도 입

- 덕, 쿵, 덩, 넘김쿵에 대해 복습해 본다.
- 수업규칙을 설명한다.
- 장구 입소리를 유아들이 직접 내 본다.

활동방법

- 장구 2대를 1팀, 2팀으로 나누어 놓는다. (채편, 궁편 제자리에 놓기)
- 교사가 장구채를 보여 주면 두 팀의 유아는 앞으로 나와서 장구 소리를 내면서 그 면을 친다.

활동의 예)

교 사	유 아
열채 소리! 채편 소리!	덕덕덕덕 덕덕덕덕
궁채 소리! 궁편 소리!	쿵쿵쿵쿵 쿵쿵쿵쿵
양손 소리! 양편 소리!	덩덩덩덩 덩덩덩덩
왼손 넘겨!	넘김쿵쿵
변죽 소리	따따따따

3) 정간보 장구치기

활동소개

장구치기 활동을 함으로써 소근육, 대근육을 발달시킨다.

활동자료

장구 사진 및 동영상 자료, 정간보 카드, 장구(궁글채, 채) 2대.

도 입

- 장구놀이 비디오나 사진을 보여 준다.
- 교사가 장구 장단을 들려 준다.

활동방법

- 장구 2대를 앞에 놓고 두 팀으로 나누어 앉는다.
- 교사는 정간보가 그려져 있는 카드를 들고 유아에게 보여 준다.
- 2명의 유아는 정간보 카드를 보고 앞으로 나와서 장구를 친다.
- 유아들이 장구를 치러 나갈 때는 교사가 꽹과리로 신호를 해준다. (보조교사)
- 앉은 순서대로 앞으로 나가서 카드의 부호에 맞는 장구를 친다.

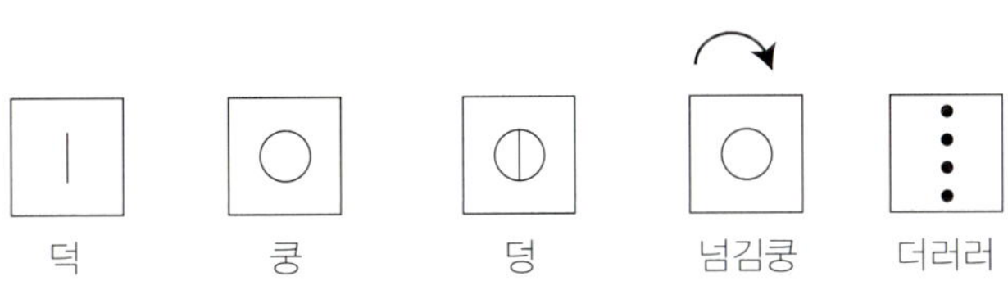

* ┆ 는 유아들에게는 장구치기에 적합한 ┆ 로 활용한다.

4) 리듬보 장구치기

활동소개

리듬보를 익히고 악보를 통해 장구의 오른손, 왼손, 양손 치기와 타법을 알아본다.

활동자료

리듬보 카드, 장구.

도 입

- 정간보를 학습한다.
- 악보(리듬보)를 보여 주고 박자를 익힌다.
- 정간보와 리듬보의 같은 박자를 익힌다.

활동방법

※ ♪/8 박자에서는 ♪ 가 1박임을 지도한다.

- 교사가 리듬보 카드를 보여 준다.
- 유아는 교사가 보여주는 악보(리듬보)를 보고 장구의 궁편, 채편을 친다.

활동의 예)

♪ 오른손 치기	1박
왼손 치기	1박
양손 치기	1박

활동유의점

1박에 익숙해지면 다음 단계인 2박, 3박으로 연결하여 학습한다.

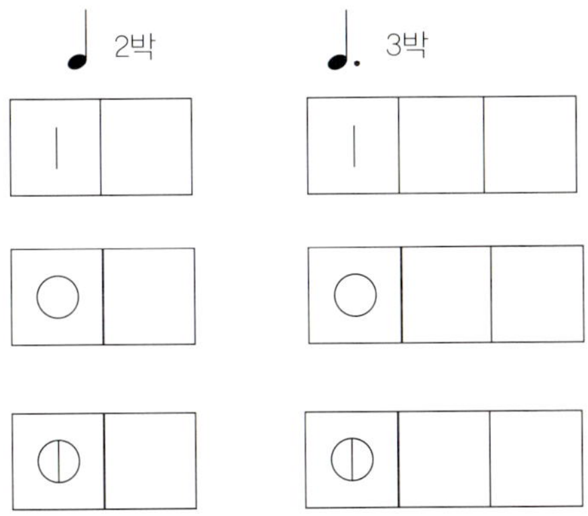

제3장

유아의 극놀이 활동

1 극놀이 활동

1) 노래 동화와 국악기를 통한 음향 효과

(1) 평온한 숲 속

옛날에 아주 높고 깊은 골짜기가 있는 산이 있었어요. 거기에는 새 소리도 아름답게 들려 오고 아주 예쁜 토끼와 다람쥐도 있었어요.

개울 옆 숲 속 저쪽에는 큰 절이 있었는데, 거기에선 스님이 염불하는 소리와 목탁소리가 들려왔어요.
목탁(우드 블록, 캐스터네츠)

아주 평온한 숲 속이었어요. 그런데 어느 날 갑자기 큰 소리가 났어요
북, 꽹과리, 징(큰북, 심벌즈)

※ 유아의 극놀이 활동은 기존에 있는 동화와 전래동화의 내용을 창작국악동요와 기악합주(음향효과)로 재구성하였음(김성균, 유아음악교육, 1984).

산적이다! 나쁜 놈들이 쳐들어온다.

산 밑에 있는 마을 사람들은 무서워서 모두 도망가고 있었으며 산적들은 불을 지르고 물건을 빼앗아 가고 있었어요. 그런데 갑자기 또 큰 소리가 났어요.
북, 자바라, 꽹과리, 징 (큰북, 심벌즈)

머리에 흰 띠를 두르고 몸집이 크고 씩씩하게 생긴 아저씨들이 말을 타고 오는 말굽 소리가 요란하게 들렸어요
장구, 목탁(작은북, 캐스터네츠)

그 아저씨들은 산적들과 싸워서 이겼어요. 그리고 불도 끄고 물건도 마을 사람들에게 돌려주었어요.

얼마 후, 그 마을은 다시 조용하게 되었어요. 산속에 있는 절에서는 스님의 목탁 소리
목탁(캐스터네츠, 우드 블록)
가 다시 들리고 새들과 다람쥐, 토끼, 그리고 모든 동물은 뛰어다니고 즐거워했답니다.
(큰북, 작은북, 캐스터네츠, 우드블록, 심벌즈, 북, 꽹과리, 징, 자바라, 장구)

※ 교사가 아주 재미있게 읽어 주면서 어린이들로 하여금 음향 효과를 일정한 박자 없이 자유롭게 표현하도록 한다.

(2) 수줍은 아기곰

숲 속에 아기곰 한 마리가 살았습니다. 아기곰은 여름, 겨울 없이 언제나 갈색 털옷만 입고 지냈어요. 아기곰은 얼마나 수줍음을 잘 타는지 늘 외톨이였습니다. 길을 갈 때도 고개를 떨구고 땅만 쳐다보며 다닌답니다.

어느 날 숲 속에선 <u>큰 잔치가 벌어지게 되었습니다.</u>

※ ♪ 양손으로 친다. ♩ 오른손으로 친다.

아기곰은 느지막하게 도착했습니다. 그렇지만 수줍어서 코끼리 할아버지의 의자 뒤에 웅크리고 앉아 있었습니다.

동물들은 잔치 준비에 바쁘기만 하였습니다

키 큰 기린 아저씨가 노오란 연을 가져왔는데 모두 그걸 제일 좋아했습니다.

하마 아줌마는 실꾸러미를 가져 왔습니다. 꽃사슴 아줌마는 연 꼬리를 만들 울긋불긋한 헝겊을 가져왔구요. 쌍둥이 얼룩말은 <u>뛰면서 놀고 있었습니다</u>.

그때 꽃사슴 아줌마가 얼룩말을 불러서 얼레에 실을 감고 꽃사슴 아줌마가 꼬리를 만듭니다. 종알종알 이야기도 하고 깔깔깔 웃기도 하며 즐겁기만 합니다. 아기곰도 끼어들고 싶었지만 그럴 용기가 없었습니다. 드디어 연이 다 만들어졌습니다.

노오란 연은 바람을 타고 하늘로 오르기 시작했습니다.

 (문지르는 소리)

 (징채로 친 다음 문지른다.)

아기곰은 아직도 의자 뒤에서 꼼짝도 하지 않고 있습니다.

동물들은 하늘에 높이 떠 있는 아름다운 연을 보고 좋아했습니다.

"야, 새보다도 더 높이 떠올랐는데!"

"구름도 밑에 있어!"

아기곰도 연이 참 아름답다고 생각했습니다.

그런데 팔랑팔랑 꼬리 춤을 추며 떠 있던 연이 <u>갑자기 곤두박질을 했습니다.</u>

 (굴리는 소리)

 (세 번 굴리기)

바람이 너무 세게 불어서 실이 끊어진 것입니다. 힘없이 떨어지는 연을 보고 모두 울상이었습니다.

아기곰은 의자 뒤에서 훔쳐 보다가 자신도 모르게 그만 펄쩍 뛰어나왔습니다.

연은 숲 속에서 가장 높은 나무 꼭대기에 걸리고 말았습니다.

코끼리 할아버지가 소리쳤습니다.

<u>"나무를 흔들어요, 나무를!"</u>

동물들이 힘을 합하여 큰 나무 둥치를 흔들어 보았지만 워낙 큰 나무이기 때문에 꼼짝도 안 했습니다.

동물들은 풀이 죽었습니다.

아기곰은 여전히 웅크리고 앉아서 들릴락말락 하게 중얼거렸습니다.

"난, 저 나무에 올라갈 수 있는데…"

목을 축 늘어뜨리고 있던 기린이 겨우 이 소리를 들었습니다.

"뭐, 아기곰이 저 나무에 올라갈 수 있다구?"

아기곰이 고개를 끄덕이자 동물들은 고개를 갸우뚱했습니다. 아기곰은 수줍어하며 나무 위로 올라가기 시작했습니다.

나무는 정말 굉장히 높았습니다.

마침내 아기곰은 노란 연이 걸려 있는 나뭇가지까지 올라갔습니다. 나무 밑에 걱정스러운 표정으로 모여 있는 동물들의 모습이 가물가물하게 보였습니다.

"아기곰, 조심해!"

"나무를 꼭 붙잡아, 떨어지면 큰일이야!"

아기곰은 조심조심해서 연을 내렸습니다. 한 손으로 연을 꽉 붙잡고 살금살금 나무에서 내려왔습니다.

땅바닥 가까이 내려왔을 때 코끼리 할아버지가 얼른 아기곰을 안아서 내려 주었습니다.

동물들은 아기곰이 고마웠습니다.

"아기곰이 최고야!"

"아기곰은 참 용감했어!"

"아기곰도 이제부터 자신을 가져라!"

아기곰은 노오란 연이 고맙게 생각되었습니다.

그 후로는 수줍음을 타지도 않게 되었습니다.

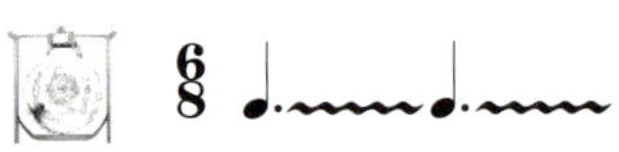

2 감상활동

1) 코끼리의 코

어린이 여러분! 코끼리의 코가 왜 그렇게 긴지 아세요?

선생님이 코끼리의 코가 왜 긴지 얘기해 줄게요.

굿거리

옛날 어느 산속에 물어보기 좋아하는 심술꾸러기 코끼리 한 마리가 살고 있었어요.

굿거리

헤헤 뱀 아저씨, 아저씨는 너무 징그러워요!

뭐라구! 이놈 너는 꼭 저 강가에서 사는 악어처럼 심술장이로구나!

코끼리는 악어가 보고 싶어 강가로 갔더니 웬 통나무가 둥둥 떠 있었어요.

에이, 신경질나! 코끼리는 통나무를 발로 <u>힘껏 찼습니다</u>.

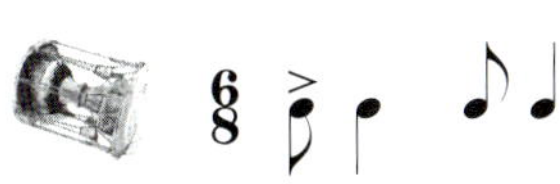

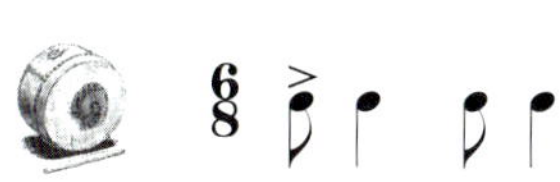

그랬더니 둥그런 눈이 번쩍 뜨이는 것이 아니겠어요?

알고 보니 그것이 바로 악어였어요.

통나무에 달팽이가 매달린 줄 알았는데 그것이 바로 악어였던 거예요. 호되게 야단맞은 코끼리는 딴청을 부리면서

“헤헤헤, 그런데 아저씨는 뭘 먹고 사세요?”

“나는 바로 너 같은 장난꾸러기 코끼리를 먹고 산다. 이놈!” 하면서 악어는 장화처럼 예쁘게 생긴 코끼리의 코를 꽉 물었어요.

아야! 아야! 잘못했어요. 아저씨 이것 좀 놔 주세요… 그러나 악어는 코끼리의 코를 물고 자꾸 강 속으로 끌고 갔어요. 코끼리는 끌려가지 않으려고 막 버텼어요.

이때 갑자기 '쾅!'하는 소리가 났어요.

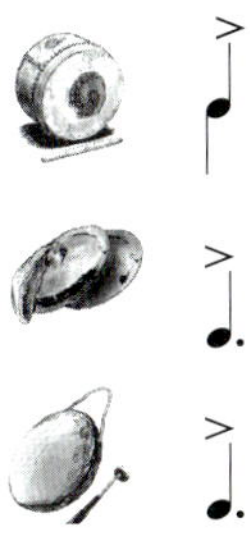

 어휴 겨우 빠져나왔구나. 어휴 아파…

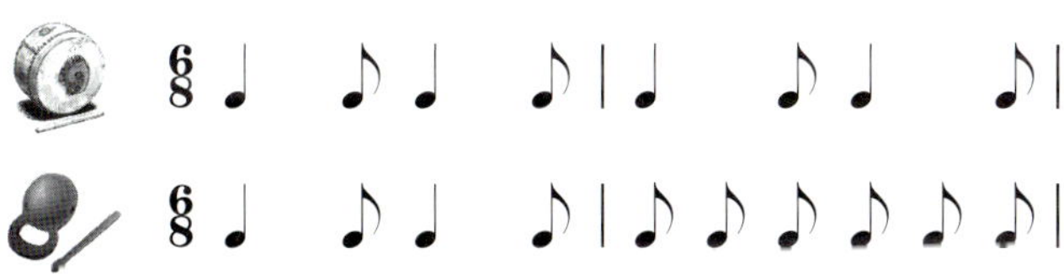

어? … 그런데 내 코가 이렇게 길어졌잖아!

2) 사랑의 빛

아늑하고 깊은 숲 속이었습니다. 그 숲 속에 구린내를 풍기는 개똥 무덤 하나가 있었습니다. 아주 냄새 나고 더러운 개똥입니다. 그런데 놀랍게도 그 속에서 개똥벌레가 살고 있었습니다.

개똥벌레는 늘 집에만 있는 것이 심심했습니다. 어느 날 같이 놀 친구를 사귀어 보려고 고개를 내밀어 둘러보았습니다. 그때 그곳을 호랑나비 한 마리가 지나가고 있었습니다.

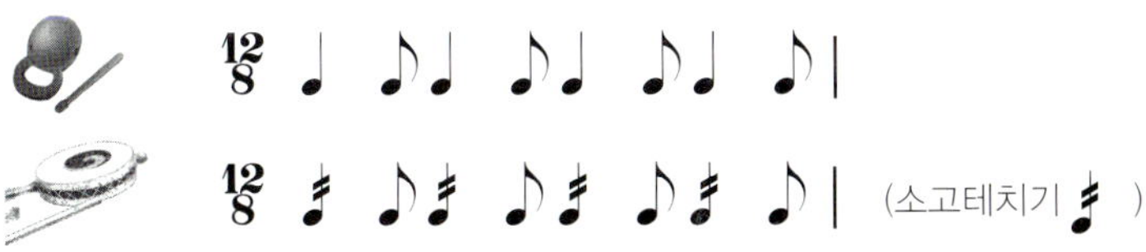

야! 호랑나비는 정말 멋지구나. 호랑나비와 친구가 되었으면 좋겠다. 그래서 개똥벌레는 호랑나비에게 이렇게 말했습니다.

지나가던 호랑나비는 친구가 되고 싶다는 말을 듣고 좋아서 뒤를 돌아다 보았습니다.

굿거리

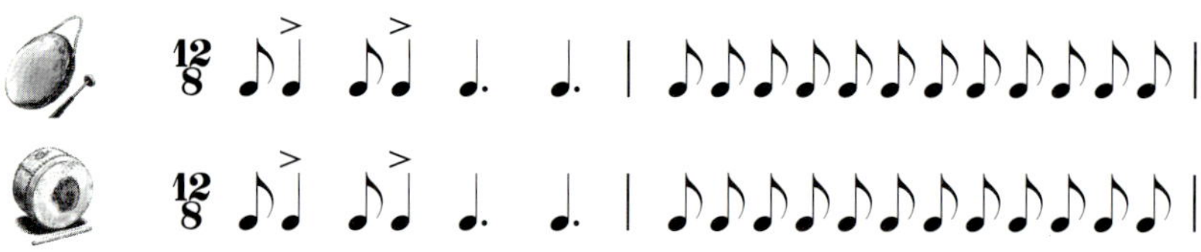

호랑나비는 얼굴을 찡그리며 날아가 버렸습니다. 개똥벌레는 갑자기 눈에서 눈물이 핑 돌았습니다.

아무리 더러운 곳에서 산다고 사귀어 보지도 않고 그렇게 기분 나빠 할 수 있담. 흑! 흑! 흑!

그러나 개똥벌레는 아픈 마음을 참고 다른 친구를 찾기로 했습니다. 그때 가까운 나뭇가지에서 꾀꼬리가 노래를 부르고 있었습니다.

굿거리

야! 꾀꼬리의 목소리는 정말 아름답구나. 꾀꼬리와 친구가 되었으면 좋겠다. 그래서 개똥벌레는 꾀꼬리에게 말했습니다.

세마치

나무 위에서 노래를 부르던 꾀꼬리는 친구가 되자는 목소리를 듣고 노래 부르던 것을 멈추면 내려다보았습니다.

굿거리

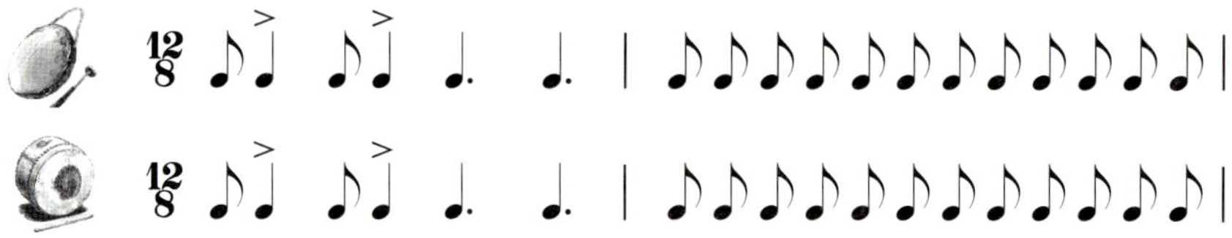

꾀꼬리는 신경질을 부리며 날아가 버렸습니다.

개똥벌레는 뭉클하고 화가 치밀었습니다.

하지만 개똥벌레는 서운하고 분한 마음을 어찌할 수 없었습니다.

하늘만 쳐다보며 눈물을 흘렸습니다.

그때 하늘엔 하얀 구름이 피어오르고 파란 하늘이 아픈 개똥벌레의 마음을 어루만져 줄 뿐이었습니다. 깊은 밤이 되었습니다. 어느새 별들이 개똥벌레를 위로하며 잠을 재우고 있었습니다. 그때 어디선가 누가 몹시 아파하는 소리에 잠을 깼습니다.

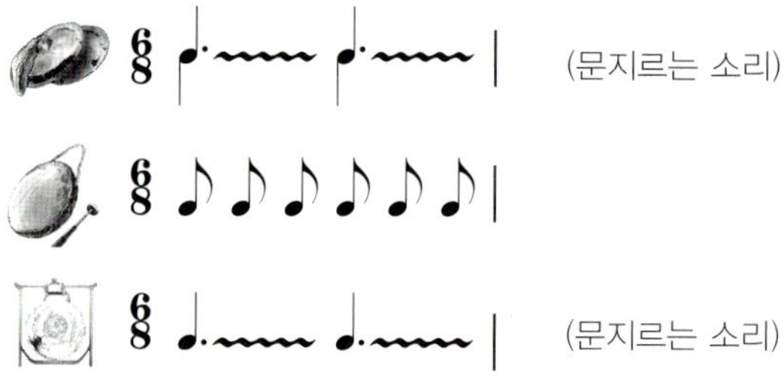

"아이고 아이고, 으으…."

그 신음하는 소리는 개똥벌레의 가슴에 저며 왔습니다.

개똥벌레는 가만히 들을 수만은 없어서 밖으로 나왔습니다.

캄캄한 속에서도 어림짐작으로 귀뚜라미네 초라한 집에서 그 신음소리가 들려오는 것을 알 수 있었습니다.

개똥벌레는 귀뚜라미네 집으로 들어갔습니다.

굿거리

우리 엄마가 몹시 편찮으시단다. 우리들 때문에 너무 고생을 많이 하셨지. 큰일이 났어. 어쩌면 좋아.

귀뚜라미의 어머님은 너무 아프셔서 어쩔 줄 모르고 계셨습니다.

굿거리

개똥벌레는 보고만 있을 수 없어서 밖으로 나왔습니다.

어둠 속을 무조건 뛰어갔습니다. 돌에 부딪히기도 하고 가시덤불에 긁히기도 했습니다. 하지만 열심히 뛰었습니다. 이마에서 땀이 흘러내렸고 상처가 난 발은 쓰리고 아팠습니다. 캄캄한 밤에 산을 넘기란 쉬운 일이 아니었습니다.

세마치

개똥벌레는 지쳤습니다. 하지만 있는 힘을 다해 뛰었습니다. 그때 천둥이 치고 번개가 쳤습니다.

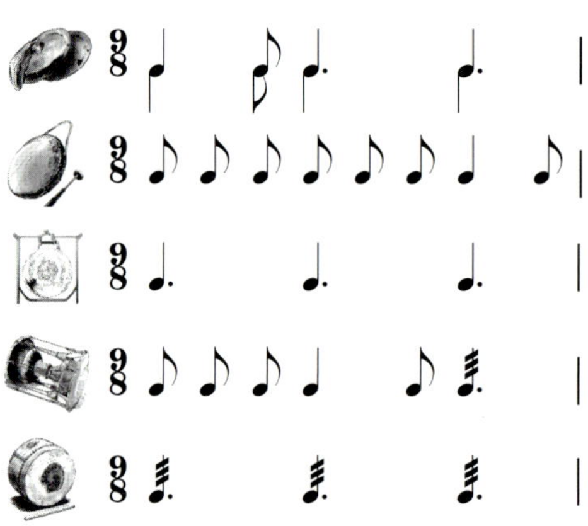

번개가 치니까 세상이 너무 밝아졌습니다. 개똥벌레는 하나님께 기도했어요. 저에게 저 번개처럼 세상을 밝게 하는 빛을 주세요. 어서 병원에 가야 귀뚜라미의 어머니가 살 수 있어요. 하나님 저에게 빛을 주세요.

굿거리

개똥벌레는 간절히 기도했습니다. 그때 우르릉 쾅쾅

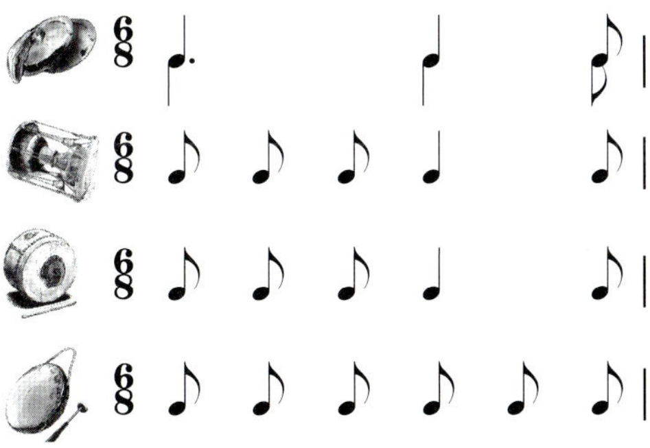

하며 아주 큰 벼락이 쳤어요. 개똥벌레는 그 벼락 소리가 너무 커서 그만 깜짝 놀라 미끄러졌어요.

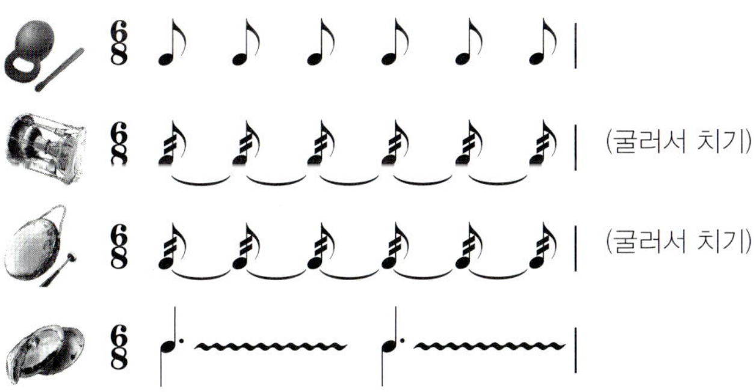

개똥벌레는 정신을 잃고 그만 떼굴떼굴 굴러서 결국 귀뚜라미네 집 대문까지 와서야 꽝하고 부딪히며 서게 되었어요. 집 안에 있던 귀뚜라미가 꽝하는 소리에 놀라서 뛰어나와 보니 병원으로 간 바로 개똥벌레가 아니겠어요? 온몸은 상처투성이가 됐고 옷도 다 찢어져 있었습니다.

귀뚜라미는 개똥벌레의 다친 곳을 치료하려고 옷을 벗겼습니다. 그런데 이상한 일이 생겼습니다. 귀뚜라미가 개똥벌레의 옷을 벗기려니까 개똥벌레의 몸에서 점점 밝은 빛이 나고 있었습니다.

귀뚜라미의 집은 대낮처럼 밝아졌습니다. 개똥벌레의 빛이 귀뚜라미의 어머니에게 비추자 그렇게도 아프셨던 어머님의 아픔이 사라졌습니다.

"개똥벌레야! 정신 차려!"

"응~ 여기가 어디야?"

개똥벌레가 벌떡 일어나려는데 어떻게 된 일인지 개똥벌레는 하늘로 날게 되었습니다.

"개똥벌레야! 네 몸에 빛이 있어. 그 빛이 어머니에게 비추어지자 우리 어머님의 병이 나으셨어!"

"정말!"

"야! 귀뚜라미야."

"개똥벌레야, 정말 고마워.
넌 이제 개똥벌레가 아니고 반딧불이야."

세마치

개 똥 벌 레 가 반 딧 불 이 되 었 네
너 의 빛 은 아 름 답 구 나
3 3
나 하 고 친 구 가 되 자 친 구 가 되 – 자

굿거리

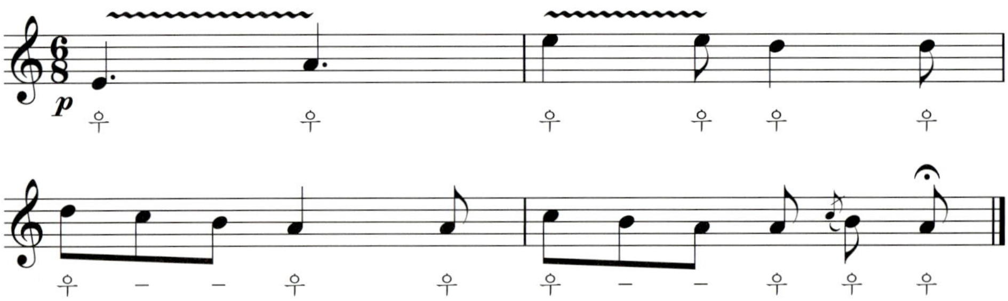
p
우 우 우 우 우 우
우 – – 우 우 우 – – 우 우 우

①
②
pp

3) 할머니와 호랑이

어느 산 밑 마을에 할머니가 여러 마리의 집짐승을 기르며 살고 있었습니다. 그런데 뒷골짜기의 호랑이가 밤마다 내려와 할머니의 짐승들을 잡아먹곤 했습니다.

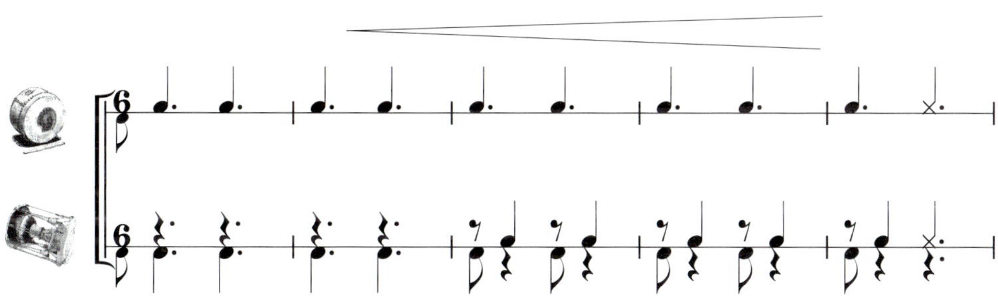

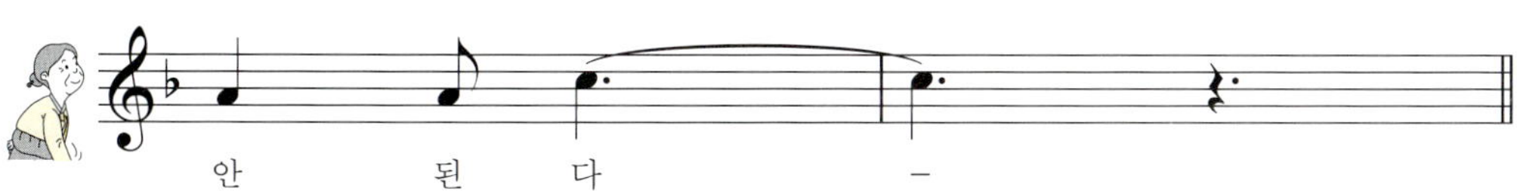

그래도 호랑이는 닭을 잡아갔습니다.

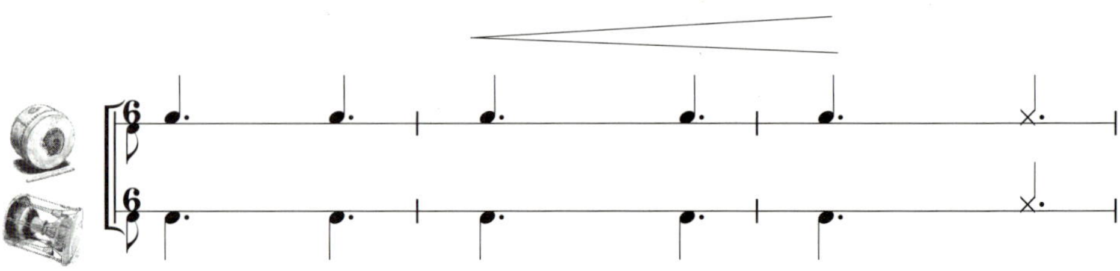

그래도 호랑이는 돼지를 잡아갔습니다.

이렇게 밤마다 짐승을 빼앗긴 할머니는 호랑이를 혼내주어야겠다고 생각했습니다.

호랑이는 기뻐하며 대답했습니다.

할머니는 장독간 옆에 있는 화로에 꺼진 숯불을 담아 두었습니다. 부엌에 있는 물통에는 고춧가루를 잔뜩 풀어두고, 부엌 선반에는 바늘을 잔뜩 꽂은 행주를 올려 두었습니다. 그리고 문밖에는 쇠똥을 잔뜩 깔아 두었습니다.

마당에는 멍석을 깔아두고 대문간에는 지게를 세워 두었습니다. 이튿날, 날이 어둑어둑해지자 뒷골짜기에서 호랑이가 찾아왔습니다.

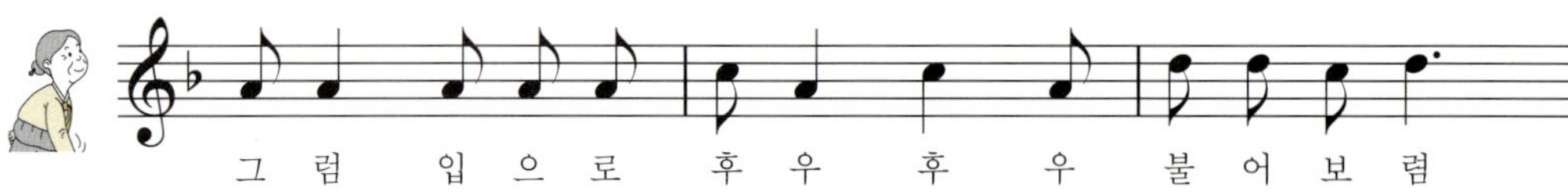

호랑이는 숯불을 불다가 눈에 재가 들어갔습니다.

부엌에 가 고춧가루를 탄 물에 눈을 씻은 호랑이는 눈이 더 따가워 몸부림을 쳤습니다.

자진모리

호랑이는 선반 위를 더듬어 행주를 찾아 얼른 눈을 문질러 닦았습니다. 바늘이 눈을 꼭꼭 마구 찔렀습니다.

그제야 호랑이는 할머니에게 속은 것을 알고 급히 달아나려고 대문을 나섰습니다. 그러나 대문 밖에서 쇠똥에 그만 미끄러졌습니다.

그러자 할머니는 멍석으로 호랑이를 둘둘 말았습니다

호랑이는 소리쳤습니다. 할머니는 지게로 멍석에 말린 호랑이를 짊어지고 한강 깊은 곳에다 풍덩 빠뜨렸습니다.

이제부터 할머니는 마음 놓고 집짐승들을 기르며 살게 되었습니다.

닭, 돼지, 염소, 소는 모두 기뻐하였습니다.

자진모리

매 애 헤 헤 헤 매 애 헤 헤 헤 매 애 매 애 헤 –
꼬 꼬 꼬 꼬 오 꼬 꼬 꼬 꼬 오 꼬 꼬 꼬 꼬 꼬 꼬 꼬 –
움 무 움 무 움 무 무 우 움 무 움 무 무 –
꿀 꿀 꿀 꿀 꿀 꿀 꿀 꿀 꿀 꿀 꿀 꿀 꿀 꿀 꿀 –

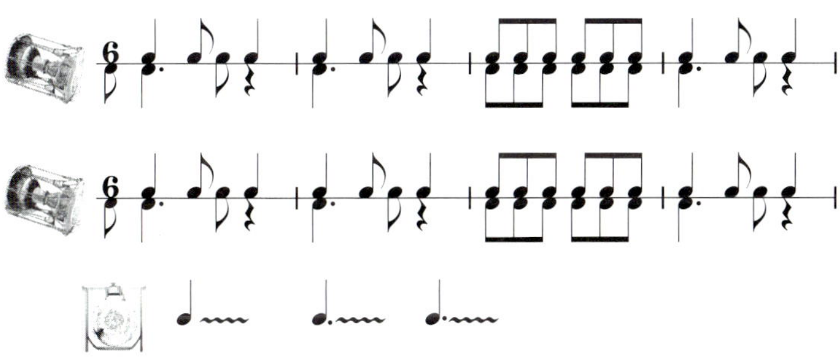

제3부

유아국악 작품

제4장

발표회를 위한 작품

작품 정 성 자

1. 북난타

- 기본 1
- 기본 2
- 캐럴과 북난타
  - 루돌프 사슴코
- 베토벤 바이러스

2. 장구놀이

- 민요와 장구놀이
  - 군밤 타령
- 동요와 장구놀이
  - 가야금 타령
- 장구놀이 “캉캉”
  - 캉캉 전주곡
  - 캉캉 작품

3. 소고 합주

- 민요와 소고놀이
  - 밀양아리랑
  - 옹헤야
- 동요와 소고놀이
  - 금붕어
  - 타작

4. 장구합주

- 장단합주

1 북난타

정성자 작품

▶ 기본 1

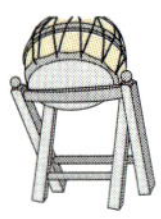

1.

2.

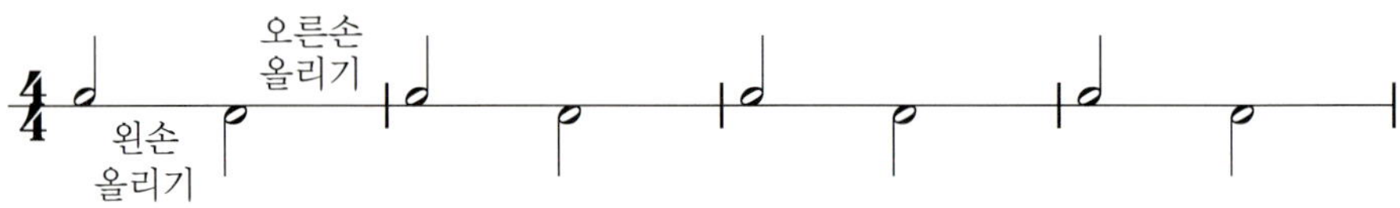

3.

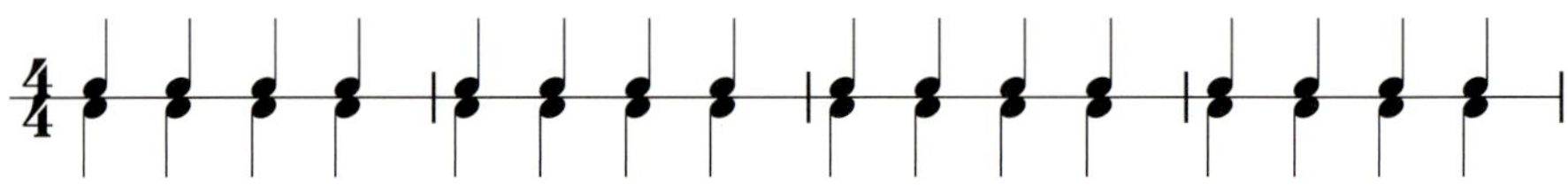

4.

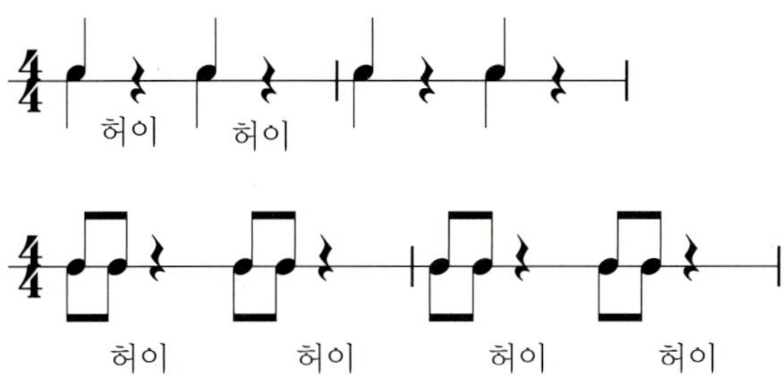

5.

6.

7.

8.

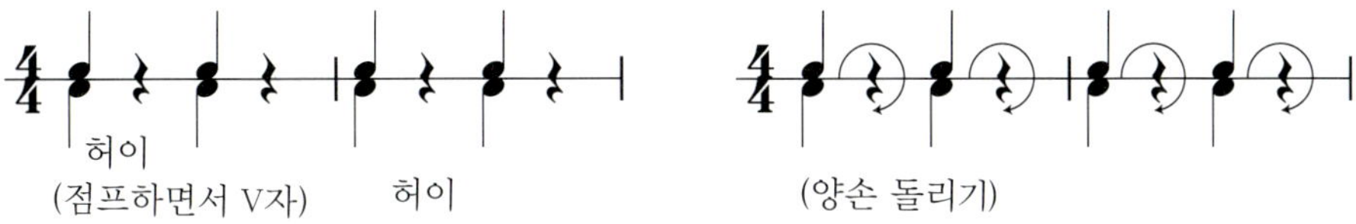

9.

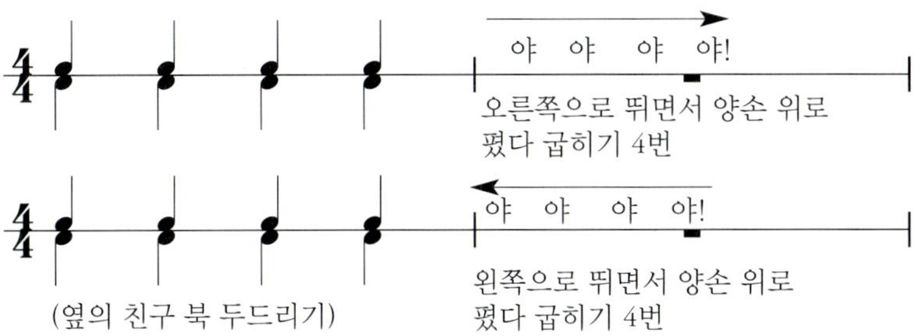

10.

11.

12.

▶ 기본 2

도입

- 뒤돌아서 채 치기 4번
- 채 1번 친 후 왼쪽으로 팔 벌려서 돌기

1.

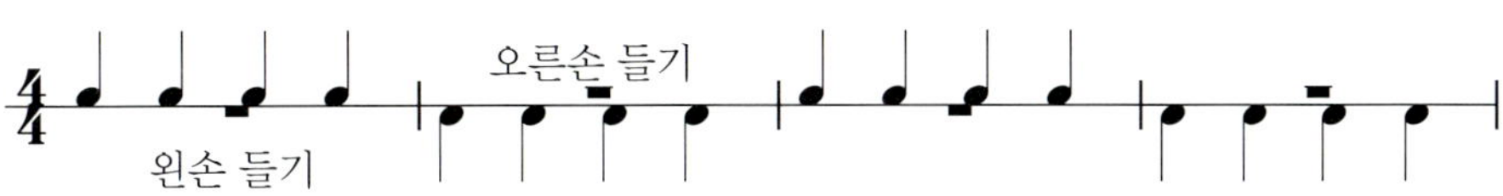

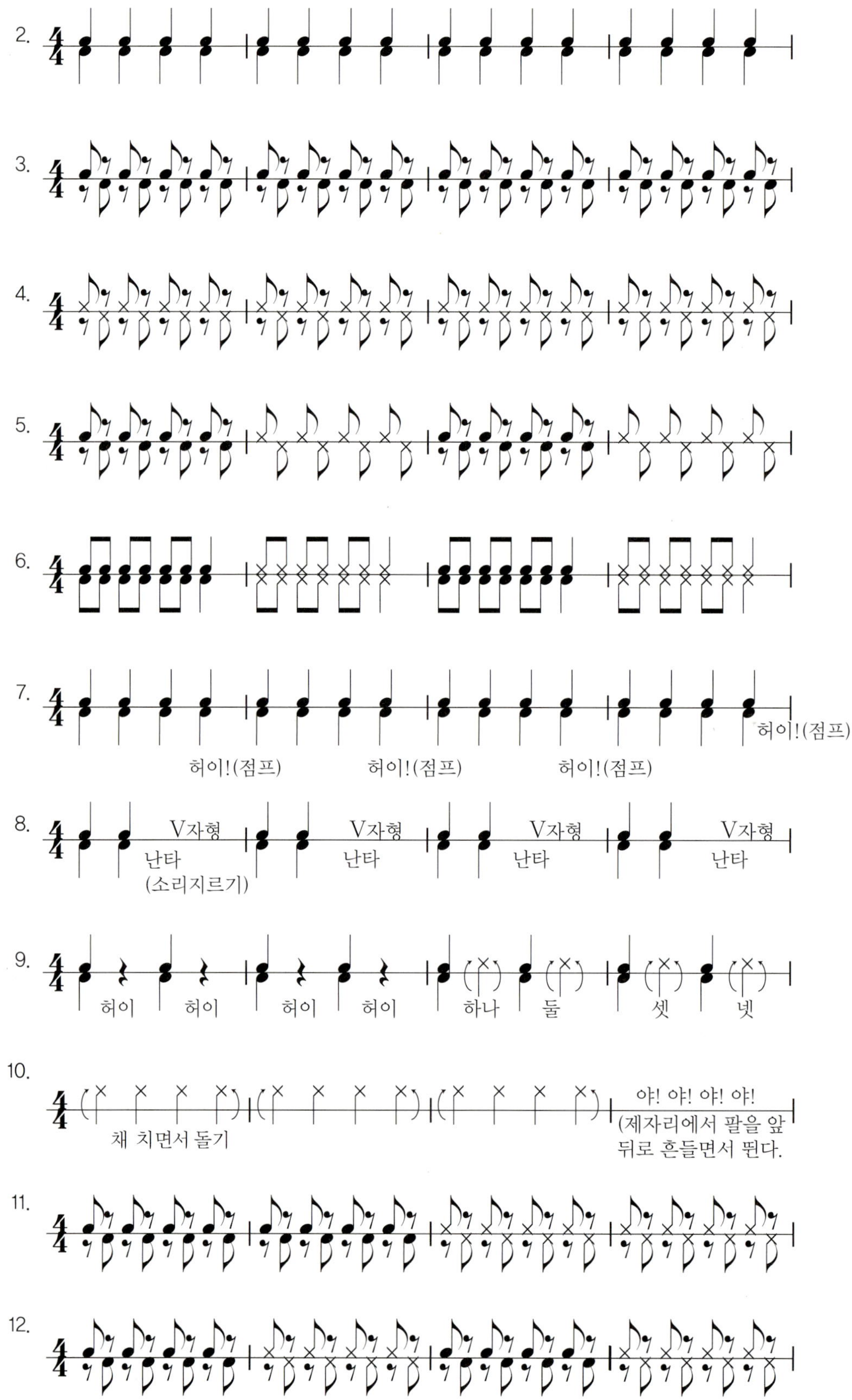
2.
3.
4.
5.
6.
7.
허이!(점프) 허이!(점프) 허이!(점프) 허이!(점프)
8.
V자형 난타 (소리지르기)
V자형 난타
V자형 난타
V자형 난타
9.
허이 허이 허이 허이 하나 둘 셋 넷
10.
채 치면서 돌기
야! 야! 야! 야!
(제자리에서 팔을 앞뒤로 흔들면서 뛴다.
11.
12.

13.

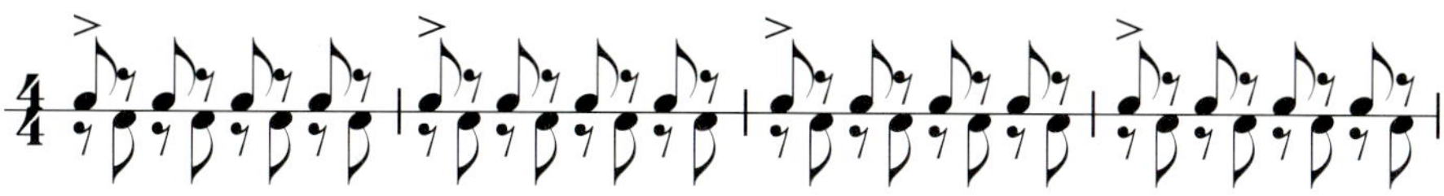

14.

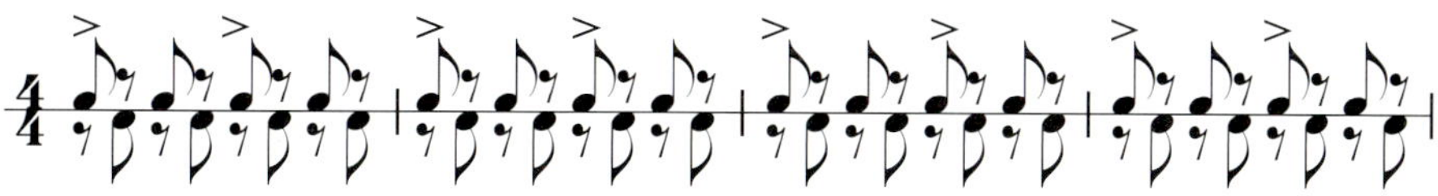

15.

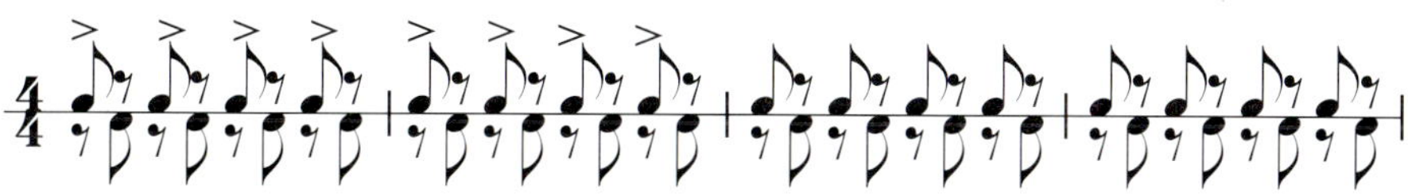

점점 몰음 ············ 난타 ············

왼팔 펴고 오른팔은
사선으로 앞쪽을 향하여
몸을 숙이면서 팔을 편다.

▶ 캐럴과 북난타

어린이에게 잘 알려져 있는 캐럴인 루돌프사슴코를 유아의 눈높이로 북과 춤동작의 연출로 깜찍하게 엮은 작품이다.

캐럴의 전주곡으로 연주되는 북난타는 연주의 시작을 알리는 서곡으로 장엄하고 무게 있는 분위기로 북의 특징을 잘 나타내고 있다.

루돌프사슴코는 5, 6세에 적합한 작품이고 7세 이상의 어린이에게는 북난타 기본 1이나 기본 2를 전주곡으로 함께 이어서 연주하는 것이 북난타를 효과적으로 나타낼 수 있는 작품이다.

루돌프사슴코

토니마크스 작곡
정성자 작품

전주: 오른손·왼손 올리고, 세 번 치기×2회

→ 왼손은 허리 뒤로, 오른손 위로 흔들고 뛰면서 이동하기
(○○자를 만들면서 이동)

→ 뛰면서 이동하기 (○○자를 만들면서 이동)

→ 오른발, 왼발
앞으로 내밀기

→ 양손 허리에 놓고 북 주위를 한 바퀴 돌기

양손 내리고 전주부터 반복(2번)

▶ 베토벤 바이러스

정성자 작품

서주

1) 손 모양으로 멈춘 자세 (5박)
2) 오른손 위로 들기 (5박)
3) 왼손 위로 들기 –양손 V모양 (5박)
4) 양손 옆으로 내리기 (5박)

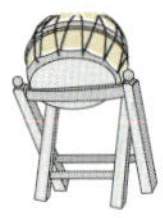

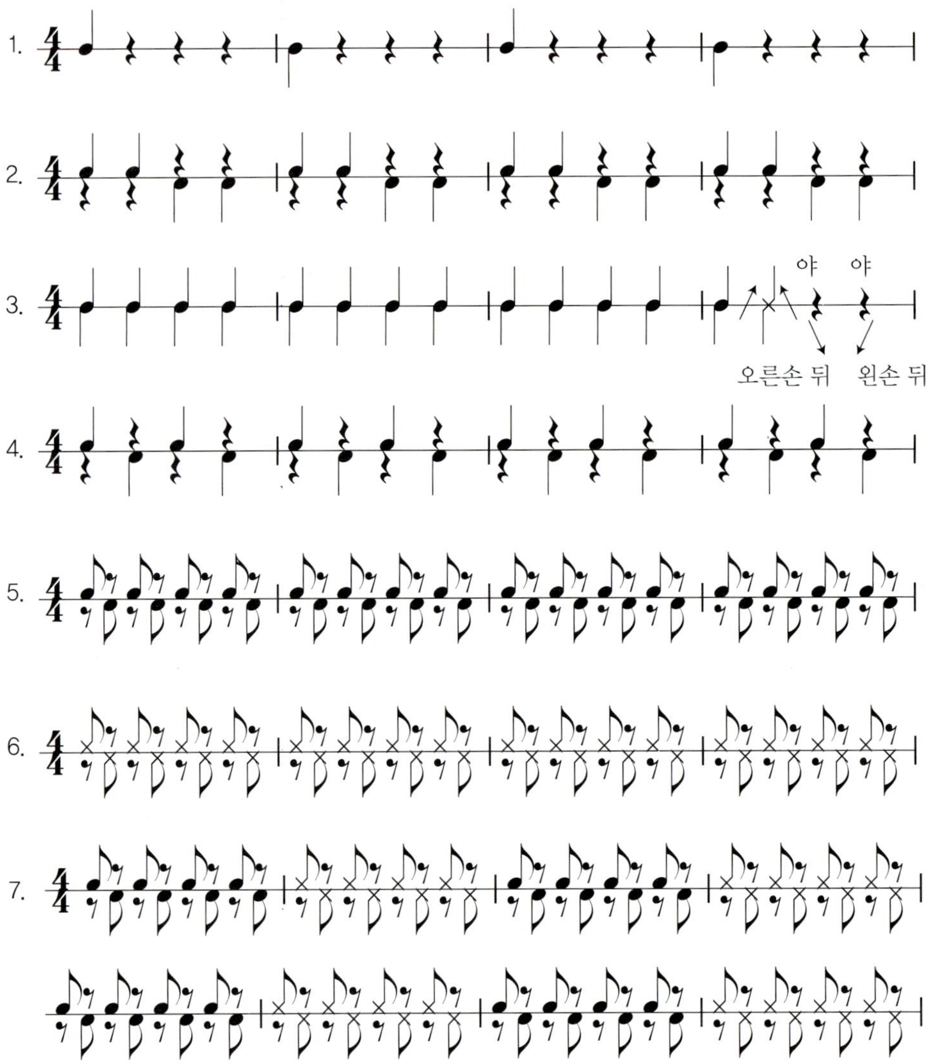

······ 4박 쉰 후에 ······

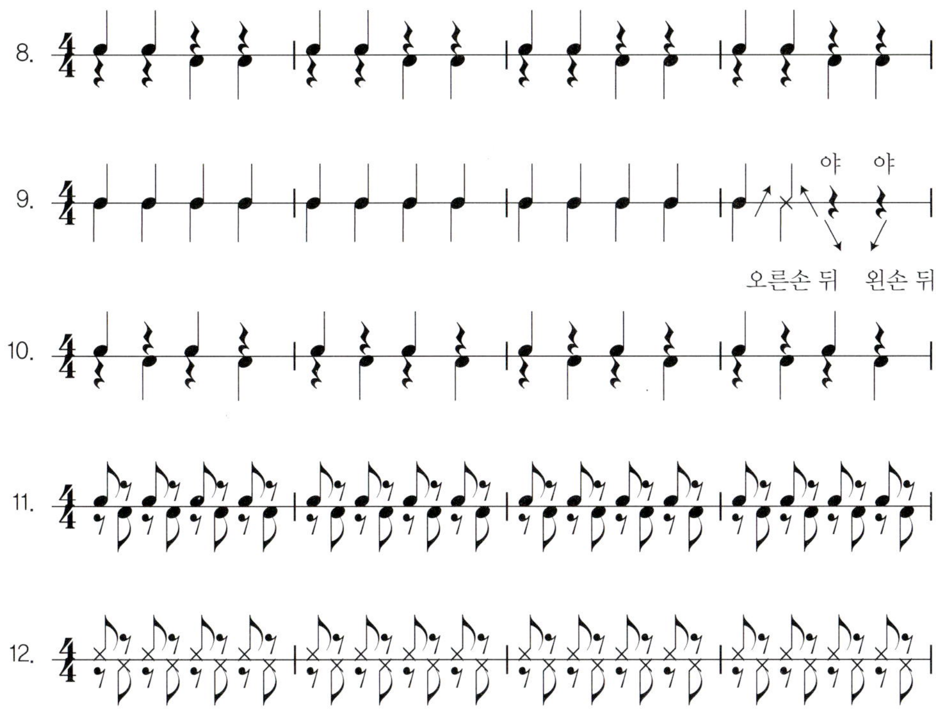

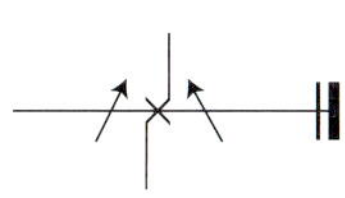

V자로 양손 들기

〈오른손 뒤〉

〈왼손 뒤〉

2 장구놀이

▶ 민요와 장구놀이

군밤타령

장구작품: 정성자

-양팔 옆으로벌리기-

▶ 동요와 장구놀이

가야금 타령

굿거리 정성자 작곡·작품

▶ 캉캉

오펜바하의 천국과 지옥 서곡 중 캉캉은 일반 대중 사이에 많이 알려진 곡이다. 절도 있고 활기찬 beat를 한국의 대표적인 장단 악기인 장구의 가락과 동작으로 재미있게 표현하였다.

경쾌한 단모리장단의 흐름과 절도있는 다양한 장구 춤동작은 동양과 서양의 만남을 자연스럽게 이어주는 효과를 나타낸다. **전주곡인 슈만**의 즐거운 농부의 곡은 조용하면서도 귀엽고 깜찍한 동작으로 경쾌한 캉캉과는 서로 다른 분위기로 장구놀이 동작을 더욱더 돋보이게 하였다. 5~10세 어린이들이 사용할 수 있으며 5세의 경우에는 전주곡은 그대로, 캉캉 곡은 쉽게 변형하여 사용할 수 있다.

캉캉 전주곡

정성자 작품

1. 양손 허리에 놓고 앞으로 숙이기 2번
   오른쪽 가운데 왼쪽 가운데 움직이기
2. 오른손, 왼손 내밀고 오른손, 왼손 어깨로 올리고 양손 꺾어서
   오른쪽 가운데 왼쪽 가운데로 움직이기
3. 오른손, 왼손 위로 올리고 오른쪽 왼쪽으로 흔들기 2번
4. 양손 허리에 놓고 앞으로 숙이기
   오른쪽 가운데 왼쪽 가운데로 움직이기
5. 오른손, 왼손 내밀고 오른손, 왼손 어깨로 올리고 양손 꺾어서
   오른쪽 가운데 왼쪽 가운데로 움직이기
6. 오른손, 왼손 위로 올리고 오른쪽 왼쪽으로 흔들기

캉캉 작품

정성자 작품

1. 장구 위에 숙여서 몸 리듬에 맞추어 위아래로 흔들기
   채·궁채를 위로 올려서 모은 후 흔들면서 내려오기 × 2번

2.

채 위로 올려서 머리 위로 돌리기×2

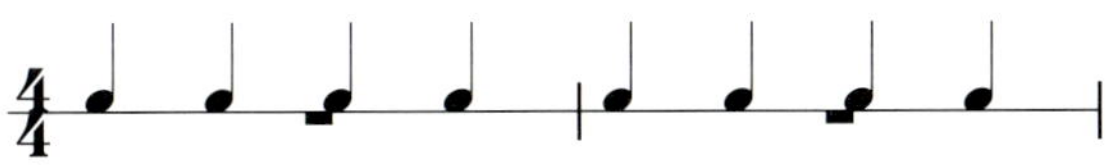

궁채를 위로 올려서 머리 위로 돌린 후 궁채 앞에서 흔들기 7회

3.

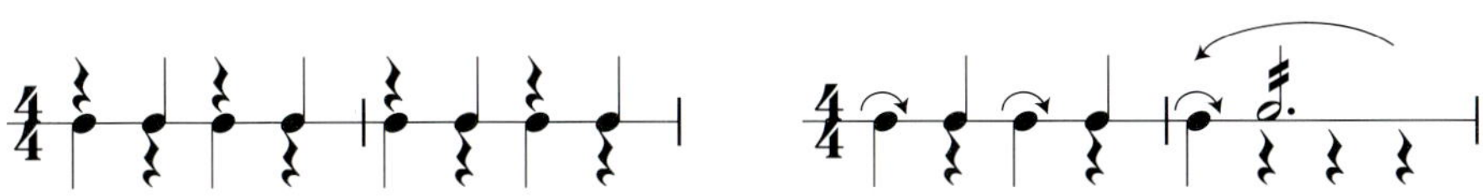

왼손 위로 올려서
왼쪽으로 둥글게 내리기×2회

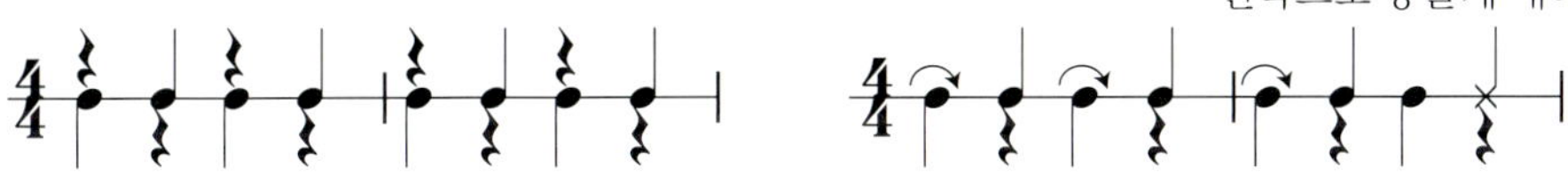

4. 채 밀고 어깨에 놓고 견주기 2번 후 궁채를 ×자로 흔들기 6회

5.

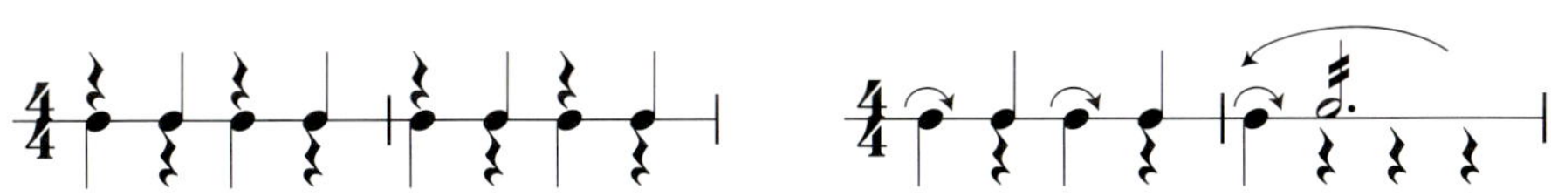

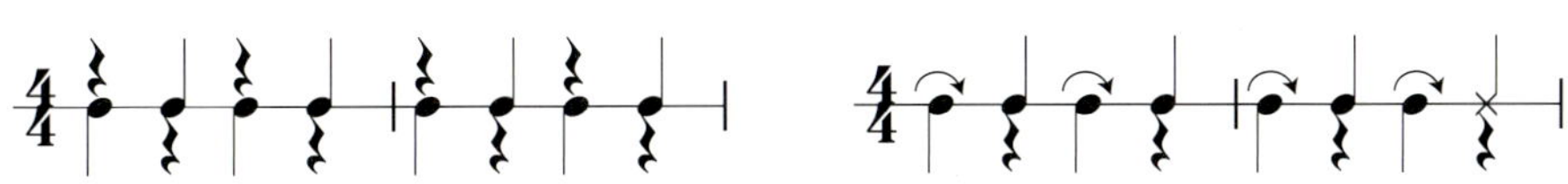

6.

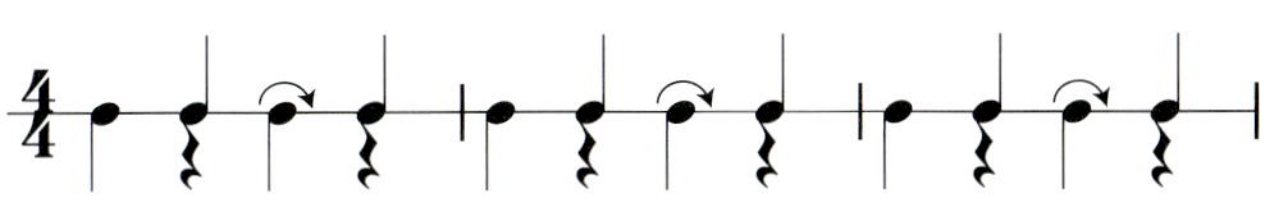

왼손, 오른손 내밀고 숙여서 흔들고 오른손 위로 왼손 위로 올려서 두 번 채 치기

7.

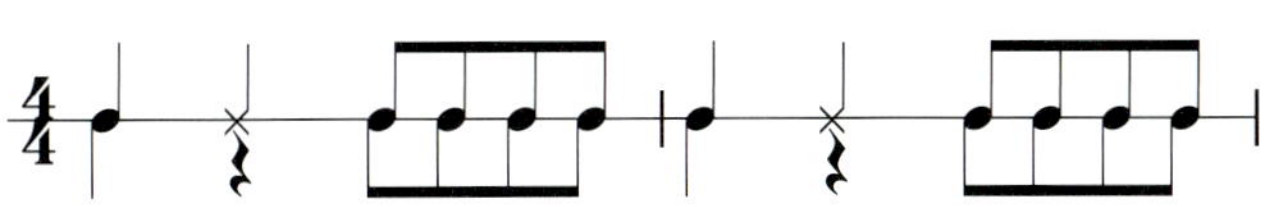

몸 들고　숙이기　들고　숙이기

8. 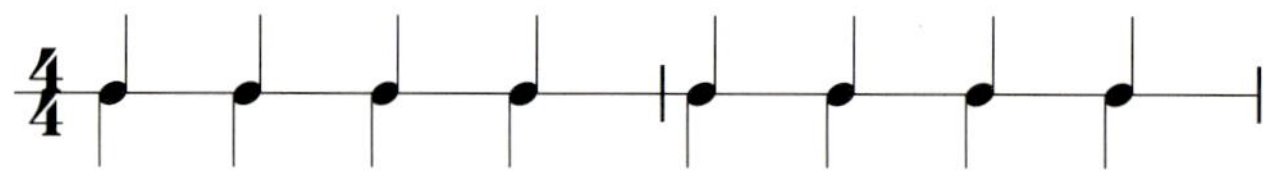

9. 오른손, 왼손 위로 올려서 장구 위로 숙이기

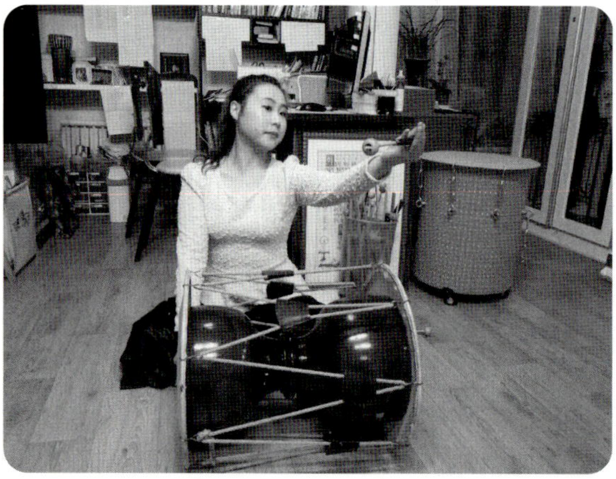

〈**3번 동작:** 왼손 위로 올려서 왼쪽으로 둥글게 내리기〉

3 소고합주

▶ 민요와 소고놀이

밀양아리랑

소고 작품: 정성자

옹헤야

단모리

소고 작품: 정성자

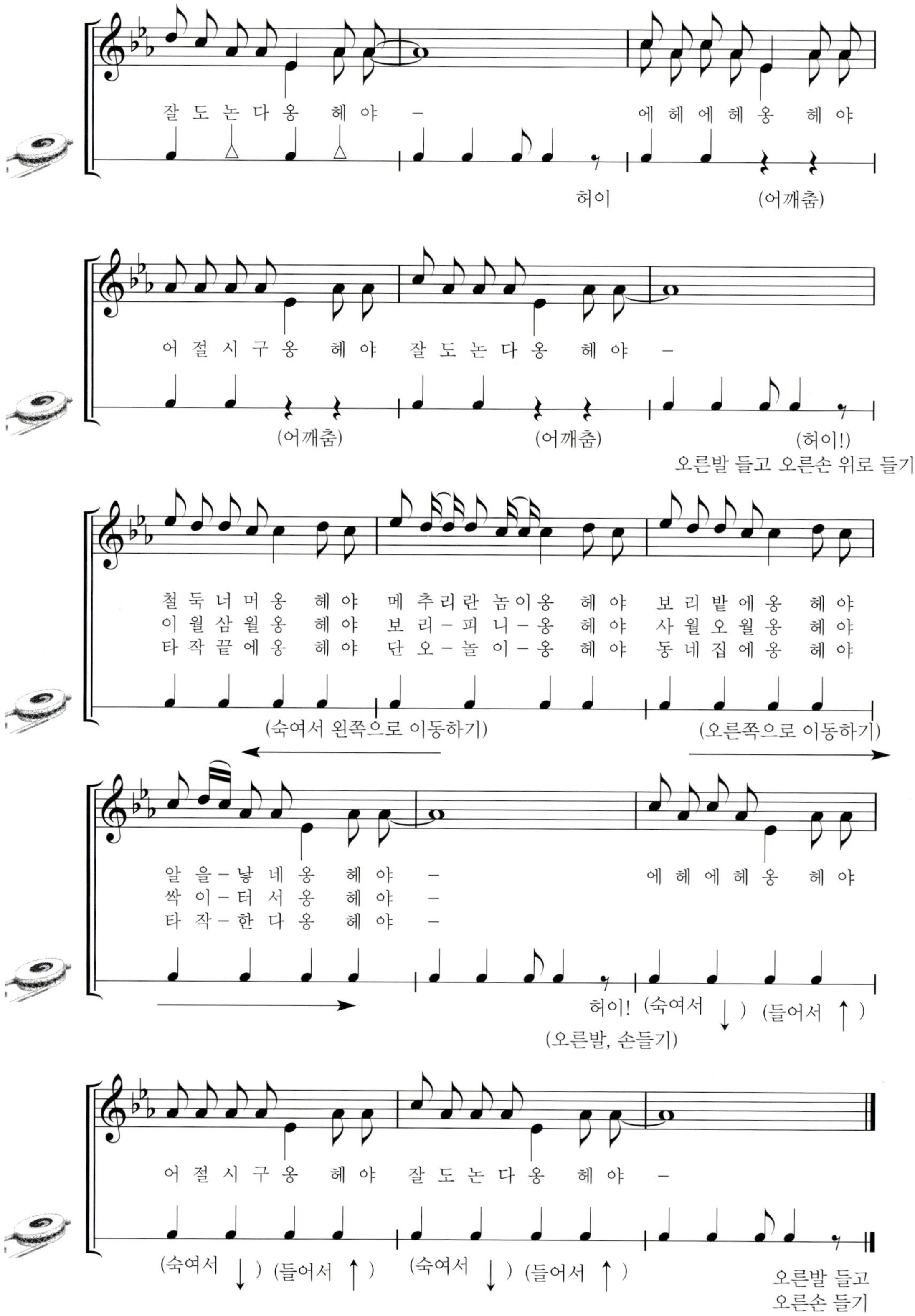
잘 도 논 다 옹 헤 야 –
에 헤 에 헤 옹 헤 야
허이
(어깨춤)
어 절 시 구 옹 헤 야 잘 도 논 다 옹 헤 야 –
(어깨춤)
(어깨춤)
(허이!)
오른발 들고 오른손 위로 들기
철 둑 너 머 옹 헤 야 메 추 리 란 놈 이 옹 헤 야 보 리 밭 에 옹 헤 야
이 월 삼 월 옹 헤 야 보 리 – 피 니 – 옹 헤 야 사 월 오 월 옹 헤 야
타 작 끝 에 옹 헤 야 단 오 – 놀 이 – 옹 헤 야 동 네 집 에 옹 헤 야
(숙여서 왼쪽으로 이동하기)
(오른쪽으로 이동하기)
알 을 – 낳 네 옹 헤 야 –
싹 이 – 터 서 옹 헤 야 –
타 작 – 한 다 옹 헤 야 –
에 헤 에 헤 옹 헤 야
허이! (숙여서 ↓) (들어서 ↑)
(오른발, 손들기)
어 절 시 구 옹 헤 야 잘 도 논 다 옹 헤 야 –
(숙여서 ↓) (들어서 ↑) (숙여서 ↓) (들어서 ↑)
오른발 들고
오른손 들기

〈숙이고 들기〉

▶ 동요와 소고놀이

금붕어

정성자 곡. 작품

엄 마 앞 에 까 불 아 빠 앞 에 까 불
〈1절〉
왼쪽 소고·채 땅치기 오른쪽 소고·채 땅치기 왼쪽 오른쪽
〈2절〉
내려서 치기 위로 들어서 테 치기
〈3절〉
어 항 속 의 금 붕 어 까 불 춤 무 용 수
〈1절〉
〈2절〉
들어서 치기 옆사람 치기
〈3절〉
양팔 위로 흔들면서 올리고 V자 마무리

타작

정성자 곡. 소고 작품

굿거리
탈 탈 탈 탈 탈 탈 탈 탈 탈 곡 - 기 소 - 리
탈 탈 탈 탈 탈 탈 탈 탈 탈 곡 - 기 소 - 리
왼손 펴고 오른손은 머리 위로 약간 구부려서 들기
앞 마 당 은 벼 를 터 는 타 작 - - 마 - 당
앞 마 당 은 벼 를 터 는 타 작 - - 마 - 당
숙이고 들기

4 장구합주

▶ 장단합주

다느름 도입장단

1.

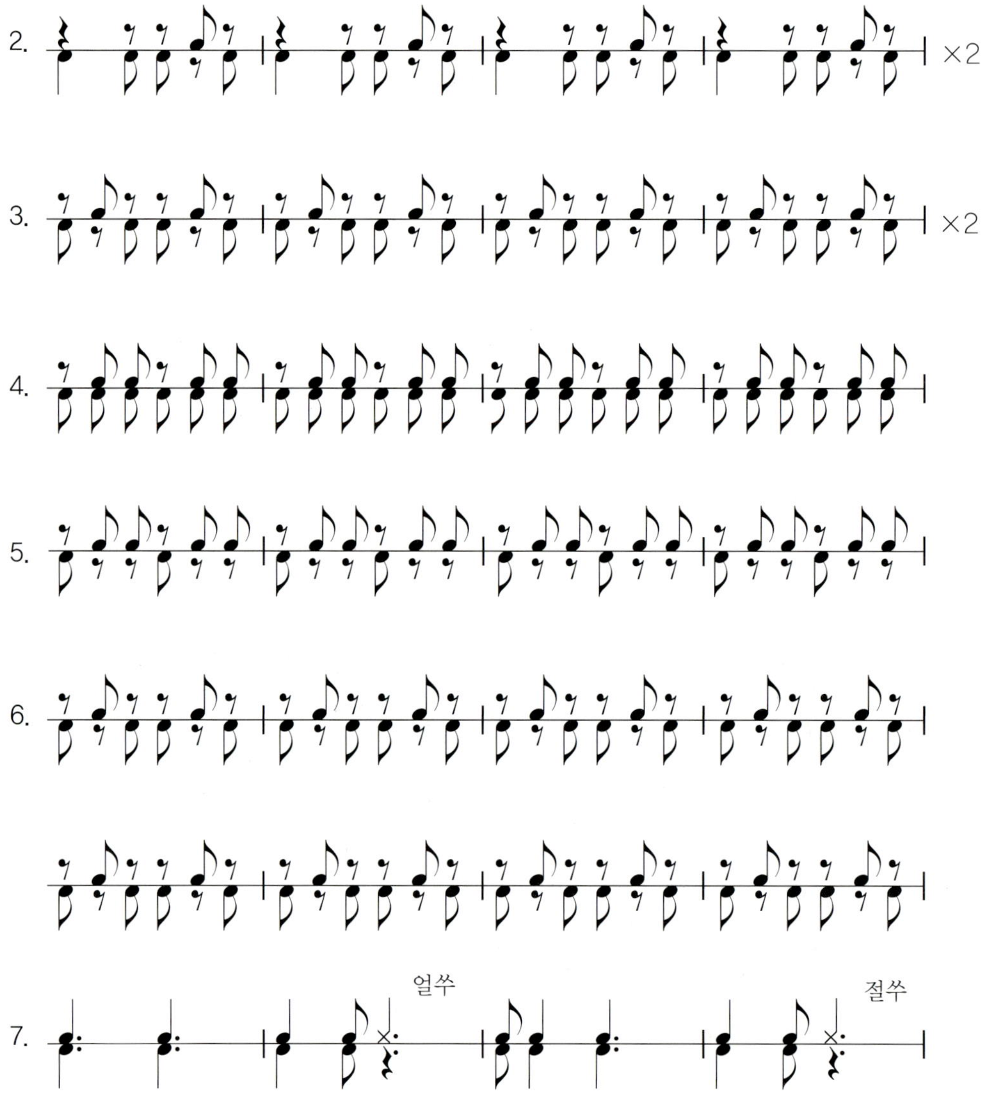

굿거리장단

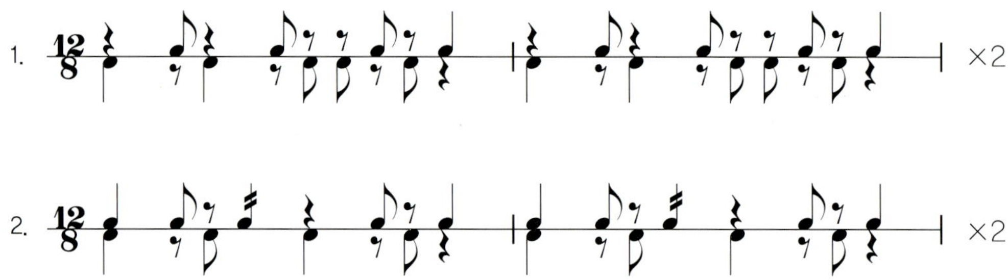

3. 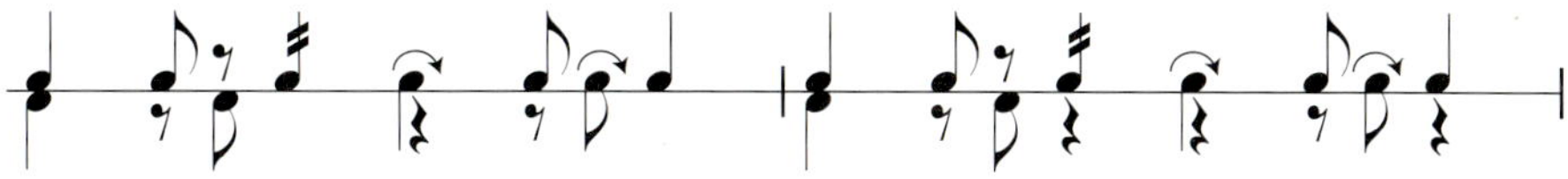 ×2

4. 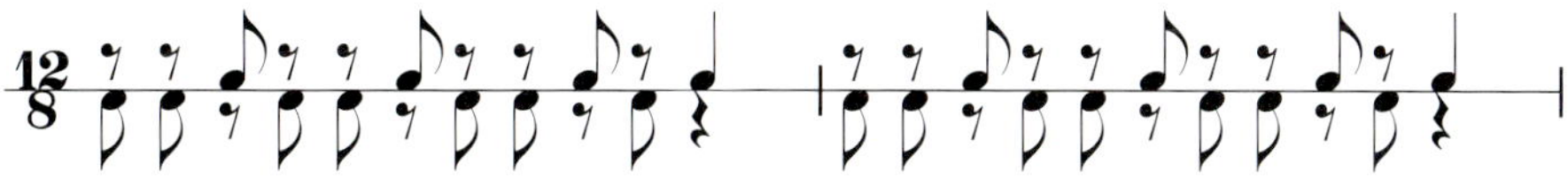 ×2

5. 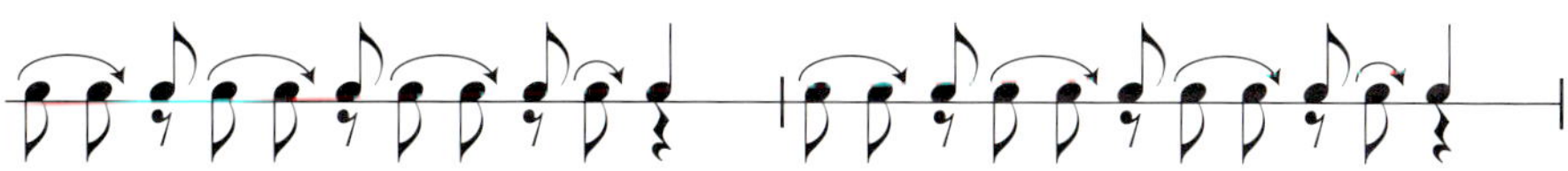 ×2

6.  ×2

7. 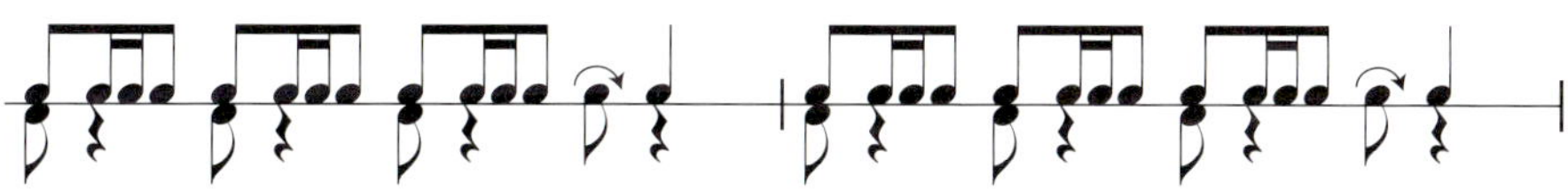 ×2

세마치장단

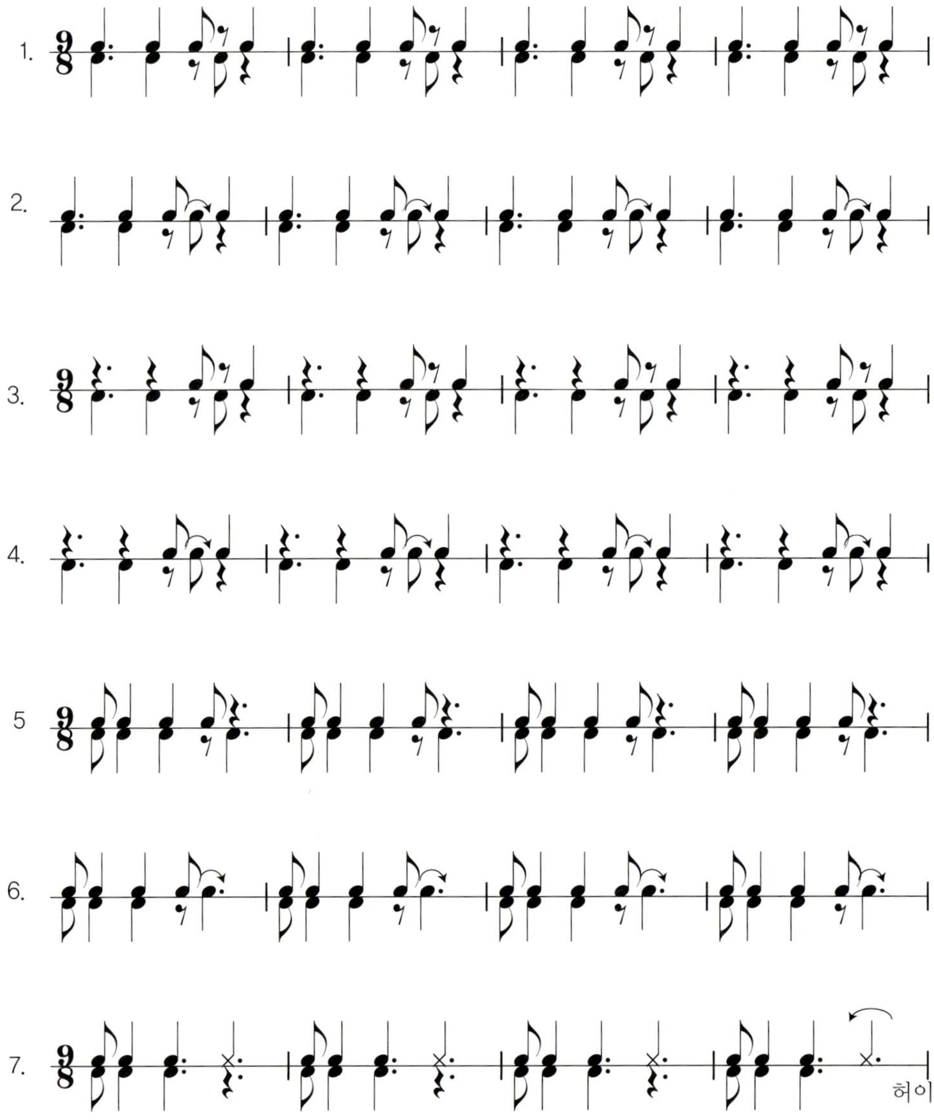

몸을 앞으로 숙이면서 왼손은 테에 놓고 채편을 궁편 방향으로 팔을 편다

자진모리장단

1.

2
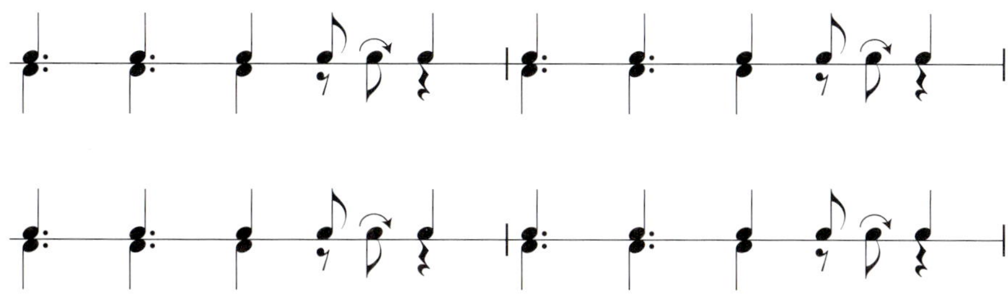

3.
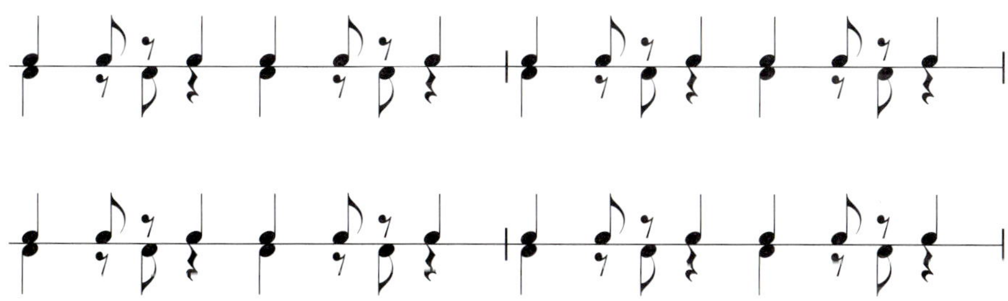

4.
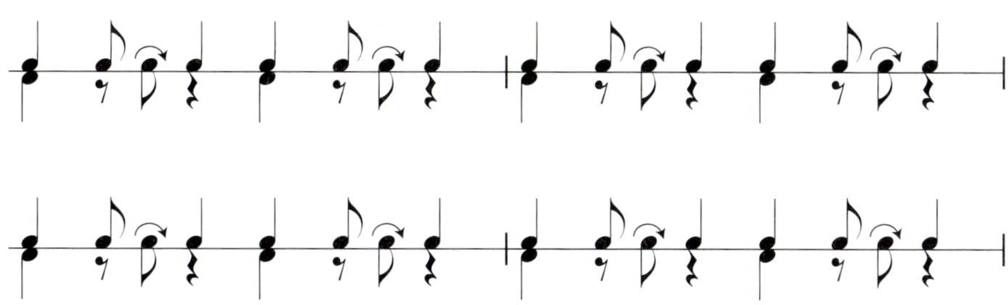

5.
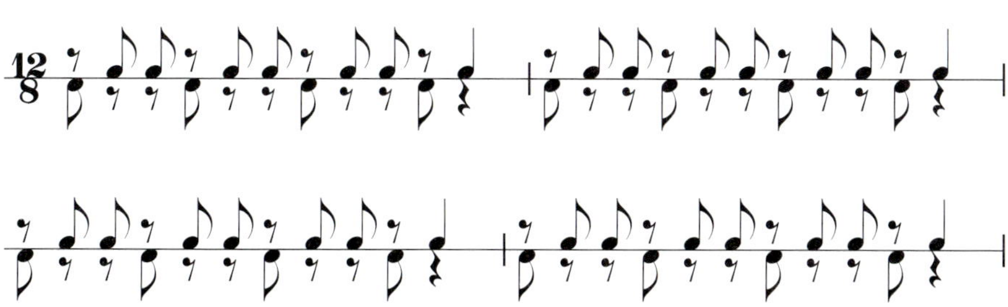

6. 

7. 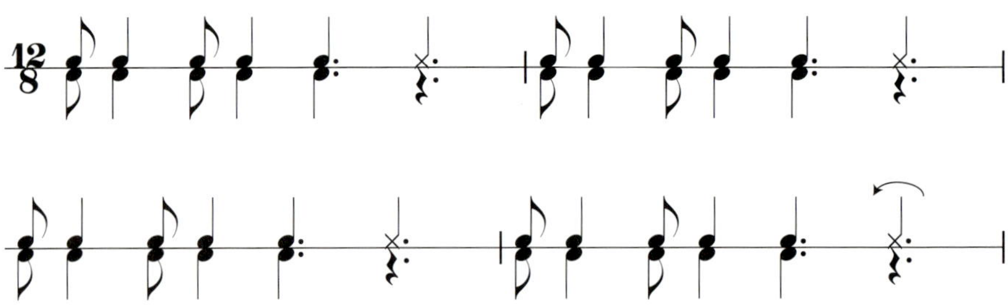

몸을 숙이면서 왼손은
테에 놓고 채편을 궁편
방향으로 팔을 편다

별달거리장단

1. 

2. 

■ 별달거리(장구 몸동작)

위의 별달거리장단을 친 후에 들어감

1절 :	하늘보고 별을 따고	땅을 보고 농사짓고
2절 :	우리소리 우리가락	얼씨구 좋다
몸동작 :	오른손 왼손 위로	오른손 뒤로 내리고 왼손 내리고

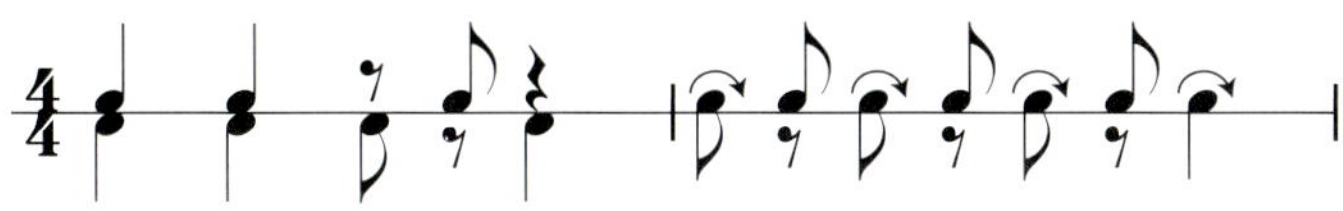

1절 :	올해도 대풍이요	내년에도 풍년일세
2절 :	우리유치원 (학교)(어린이집)	국악을 배워요
몸동작:	오른손 왼손 겹쳐서	몸 숙이면서 왼손, 오른손 앞으로 펴기

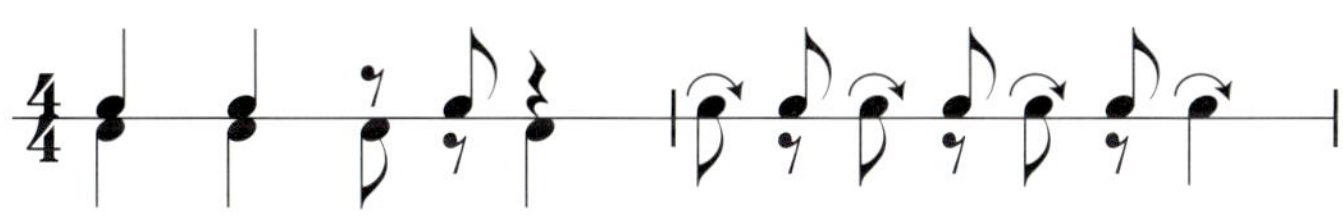

1절 :	달아달아 밝은달아	대낮같이 밝은달아
2절 :	우리가락 이어지는	우리 유치원
몸동작:	오른손 왼손 원 만들어 올리기	오른손 왼쪽으로 움직이기

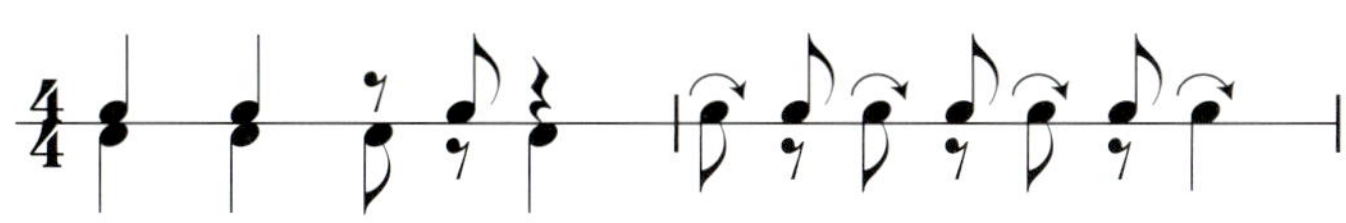

1절 :	어둠속에 불빛이	우리들을 비춰주네
2절 :	얼씨구 절씨구	국악놀이 신난다
몸동작:	오른손 뒤, 왼손 뒤로 바닥치기	양손 앞에서 위로 올리기

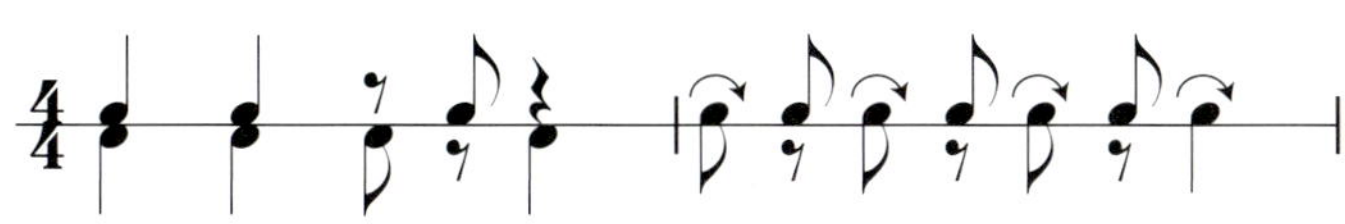

2절 후

야! (양팔 펴기)

단모리장단

1.
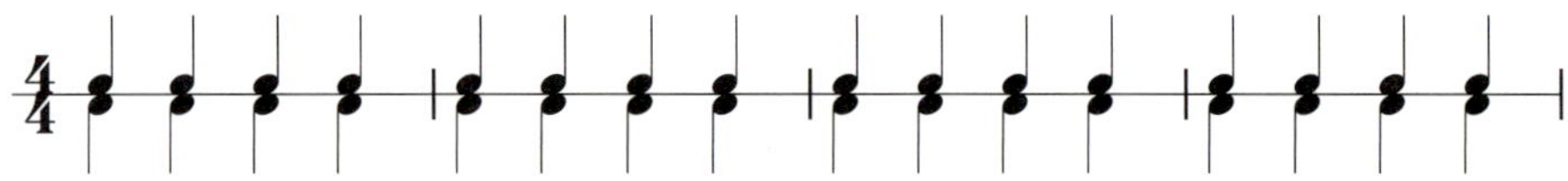

2.
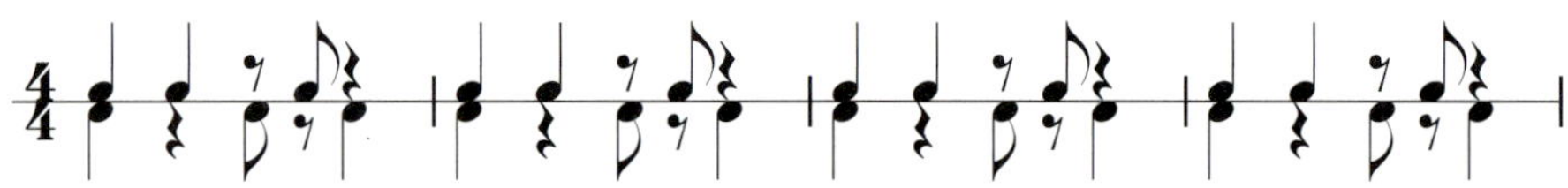

3.
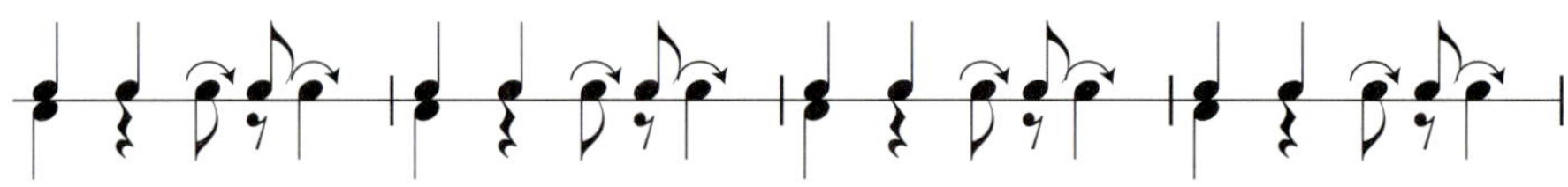

4.
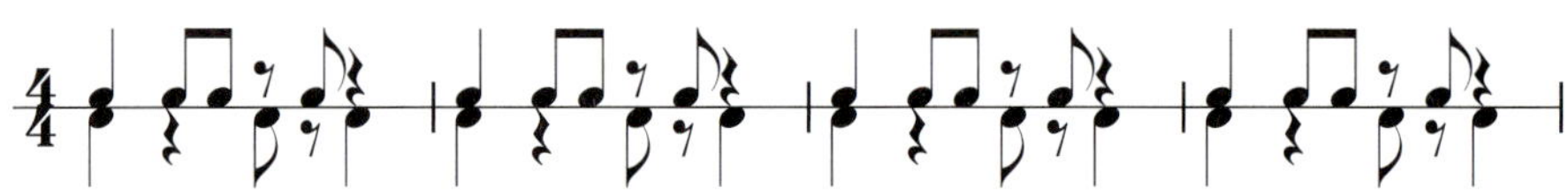

5.
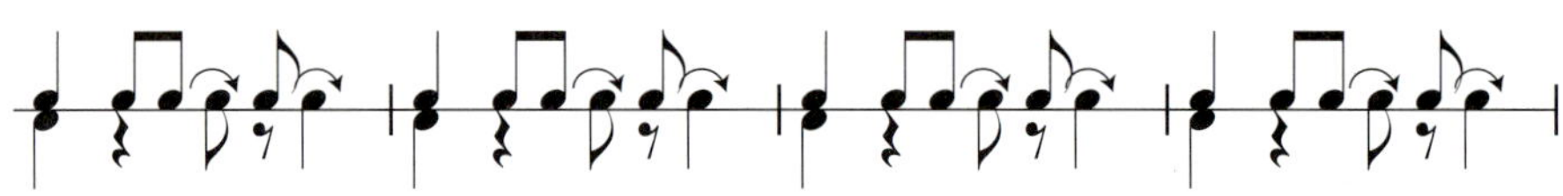

6.
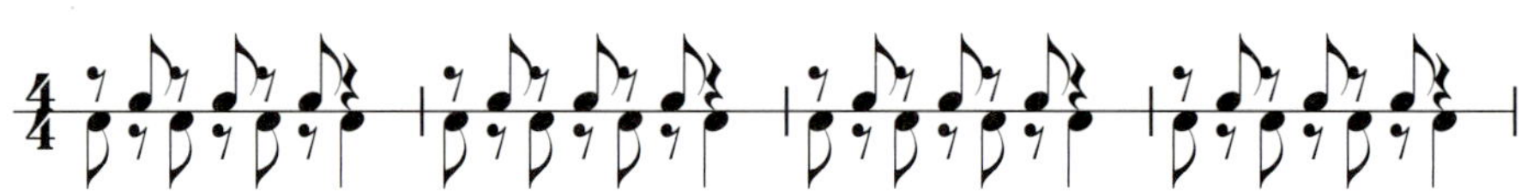

7.
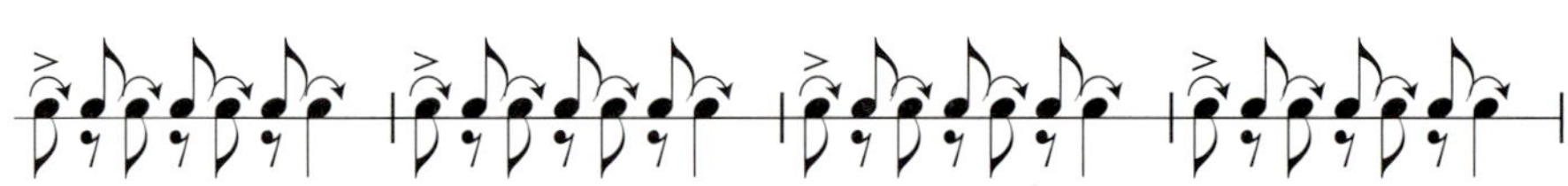

8. 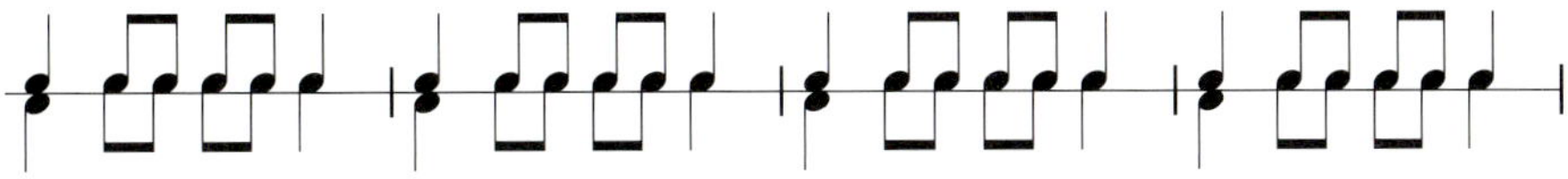

9. 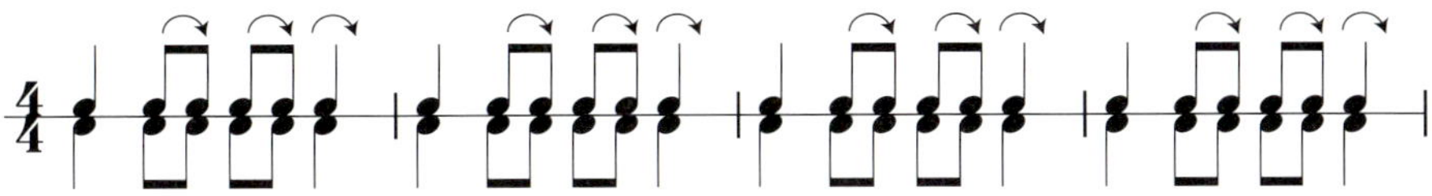

10. 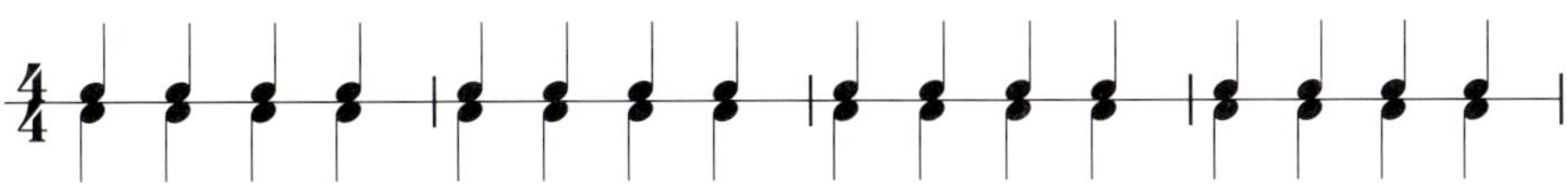

숙이고 들기

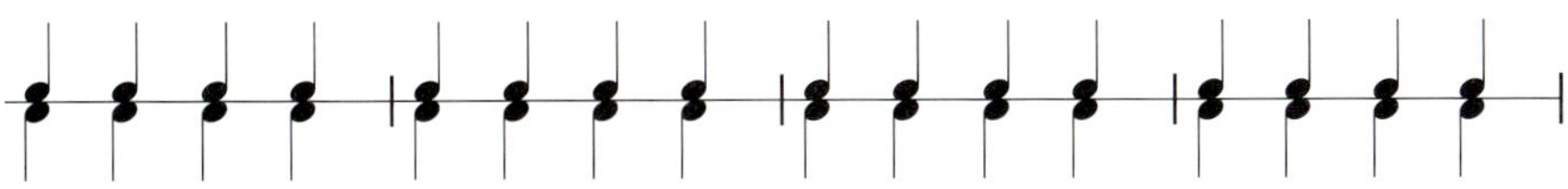

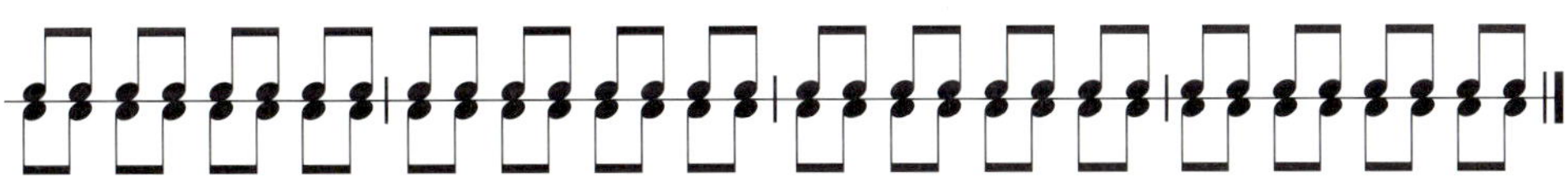

(점점 빠르게 ······난타·············)

덩을 친 후 왼팔 펴고
오른손은 머리 위로
꺾어서 왼쪽
방향으로 편다.

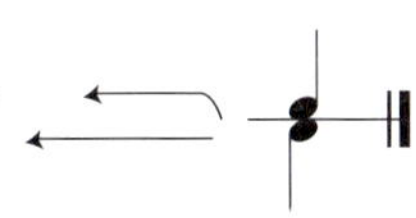

제4부

국악기초 이론

제5장

우리나라의 음악

1 우리나라의 음악 특징

우리나라의 고유음악을 유치원 현장교사들이나 비전공자인 유아교육과 학생들에게 일반적으로 국악을 도입하는 데는 몇 가지 문제점이 있다.

평균율에 의한 서양음계는 온 세계의 음악문화에 기반이 되어, 우리나라의 학교교육도 이를 바탕으로 교육되어 왔다.

따라서 이 책의 국악기초 이론은 전문적인 국악이론 방법보다는 비전공자들이 현장에서 유아들을 쉽게 지도할 수 있는 국악이론으로 간추리고자 한다. 현장에서 국악을 지도하는 데 있어서 가장 먼저 알아야 할 것은 우리나라 음악의 특징이다.

음악을 보존하는 방법에는 두 가지 방법이 있다. 즉, 음악을 기호로 적어두는 방법과 음악을 마음속에 담아두는 방법이 있다. 우리나라 음악인 판소리를 보면 가사를 중심으로 한 내용을 창자(唱者)의 마음속에 담아서 표현한다(전인평, 한국음악의 멋. 2006).

국악의 표현방법은 정악이나 민속악에서 모두 사용되고 있다.

국악의 특징의 하나로 시김새가 있다. 시김새는 음을 꾸미는 형태 또는 음을 장식하는 형태를 나타내는 말로써 국악의 기악과 가악에서 자주 나타난다.

농현에서는 서양음악의 비브라토(vibrato)에 해당되는 요성이 있고, 음을 꺾어서 아래로 흘러내리는 미끌어떨어뜨리는 퇴성이 있고, 본음을 밀어올려 소리 내는 추성이 있고, 한 음을 굴러서 내는 전성이 있다. 농현은 거문고나 가야금 같은 현악기의 왼손기법 중의 하나로서 장식법의 일종이라 할 수 있다. 움직이는 음, 이것은 분명히 농현의 결과인 것이다.

농현을 하여 나오는 음은 어떤 음에 부수적으로 있을 수도 있고 없을 수도 있는 그런 것이 아니라, 바로 그 음 자체이다. 농현하여 얻은 음은 그 음이 아무리 움직인다고 하여도 본질적으로 한 음이다. 어떤 음은 처음부터 떨게 마련인가 하면, 또 어떤 음은 나중에 떨기도 한다.

또한 농현을 요성(搖聲)이라고도 하는데, 요성이란 떤다는 뜻으로 vibrato를 의미한다. 요성을 하는 방법은 정악(正樂)과 민속악의 경우가 다르다. 정악의 경우에는 요의 폭이 민속악에 비해 좁고, 한 박자의 시가를 가진 음을 요(搖)할 때는 처음부터 떨고, 두 박자의 시가(時價)를 가진 음을 떨 때는 첫 박은 그대로 있다가 둘째 박부터 떤다. 그러나 민속악의 경우 떨어야 할 음이 아무리 그 시가가 길다 하여도 처음부터 굵게 떤다.

예컨대 요성을 굵게 하면 민간 음악이고, 그것을 얇게 하면 정결한 정악의 수법이 된다. 음을 흘러내리는 퇴성의 경우에도 많이 흘러내리는 음악일수록 민간음악에 속하고 반대로 정악의 경우에는 흘러내리는 폭이 약하고 좁다 할 수 있다.

또 어떤 음은 꺾어서 아래로 흘러내리기도 한다. 이것을 퇴성(退聲), 즉 꺾는 목 또는 미끌어떨어뜨리는 소리라 한다. 산조나 판소리, 민요 등의 퇴성은 정악에 비하여 훨씬 과장되어 있어서 '평으로 내는 목'보다 약 단 3도 위의 음으로부터 아래로 퇴성하는데, 이것을 특히 '꺾는 목'이라고 한다.

또한 국악은 대부분이 첫 박에 악센트가 붙는 강박으로 시작한다. 민요에서부터 가사, 가곡 등 성악뿐만 아니라 기악도 강박으로 시작된다. 그리고 음악의 끝은 약박으로 마치는 것, 즉 시작이 강박이고 끝이 약박으로 마치는 것은 우리말의 어법상에서 오는 차이점이라 할 수 있다.

음악의 분위기에서 볼 때 한국 음악은, 정악과 민속 음악 등에 매우 풍부한 다양성이 있다. 즉, 다시 말해서 광범위한 감정 묘사가 있다 할 수 있다. 정악은 한없이 우아하고 위엄 있고 세련되고 품위가 있으며 대단히 아름답다. 반면에 민속 음악은 정서적이고 정열적이라 할 수 있다. 정악이 오랜 전통이 있듯이 민속 음악 역시 뿌리 깊은 전통이 있다. 민속 음악은 대중에 더 침투되어 있어 처음 들을 때 이해하기가 쉬운 반면에 정악은 들을수록 그 깊이와 참뜻을 이해할 수 있는 특색을 가졌다고 볼 수 있다. 이 외에도 국악에서 나타나는 음악구성의 특징을 간추려 보면 다음과 같다.

〈음악적 특징〉

- 환두, 환입 형식 – 음악이 반복될 때마다 나타나는 구성 형태이다. 선율로 반복되는 것을 환두라 하고, 동일하게 반복되는 것이 환입이다.

- 빠르기 형식 – 느린 곡으로 시작해서 점점 빠른 곡으로 끝나는 형식이다. 주로 민요에서 많이 나타나는 느림-빠름의 형태이다.
- 확대형식 – 성악곡에서 선율에 비해 사설을 촘촘히 엮어 나가는 구성형태이다.
- 연음형식 – 합주를 할 때 전체 악기가 함께 연주하다가 주선율 악기가 쉬는 사이에 다른 악기들이 주선율을 계속해서 이어가는 연주형태이다.
- 메기고 받기 – 민요에서 많이 나오는 연주 형태로 한 사람이 소리를 메기면 여러 사람이 후렴을 받아서 노래하는 형태이다.

2 율명과 음계

1) 12율과 5음음계

중국문화권의 나라들에서는 7음음계를 사용하는 음악도 있으나 주로 5음음계를 사용하고 있는데, 그 다섯음을 궁, 상, 각, 치, 우라는 계명을 사용하고 있다. 한국음악의 12율은 1옥타브를 12개로 분할한다는 점에서 서양음악과 같다. 그러나 음이 형성되는 원리를 보면 서양음악과는 달리 5도 음정을 기준으로 한 삼분손익법에 기초를 두고 있다. 전통음악에 있어서 음계란 음조직을 말하며 특정 곡의 시김새를 설명할 때는 선법이라는 말을 한다. 음이음을 사용한 전통음악의 음계는 5가지로 나눌 수 있다. 즉 도음계, 레음계, 미음계, 솔음계, 라음계로 나누어진다.

2) 평조와 계면조

우리나라 전통음악의 선법은 크게 평조와 계면조로 나눌 수 있다.

한국음악의 악조는 악학궤범에 의한 5음음계가 중심이 되는 평조와 계면조로 나눈다. 그러나 평조, 계면조는 정악으로는 가능하지만 민요, 산조, 판소리와 같은 민속 음악의 악조를 설명하기에는 다소 무리가 있다. 민속악은 평조와 계면조 외에도 강산

제, 덜렁제, 경조, 우조, 봉황제, 석화제 등에 사용되고 있고 아직 학자마다 의견을 달리하는 경우가 있기 때문에 평조와 계면조를 다루어 보고자 한다.

〈평조〉

평조는 솔(sol)선법이라 하며 솔, 라, 도, 레, 미의 5음으로 구성된다.

평조는 황, 태, 중, 임, 남(솔, 라, 도, 레, 미)의 구성을 갖고 기음인 황종으로부터 장2도, 단3도, 장2도, 장2도의 간격으로 되어 있다. 황종은 떨어주고 (요성), 하행 진행할 때는 주로 태주와 남려를 끌어내려 주는 것(퇴성)이 일반적인 평조의 특징이다.

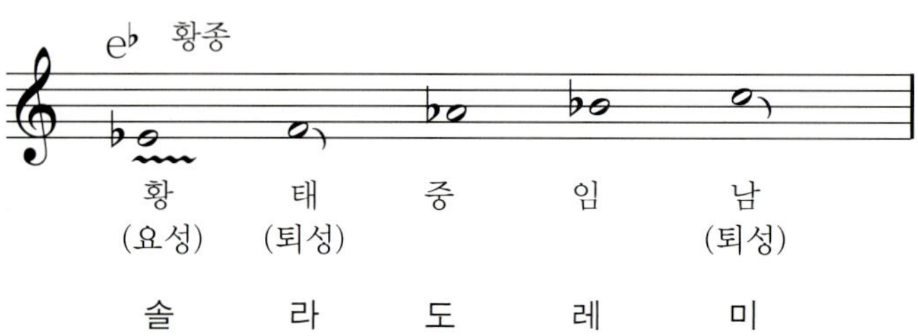

〈계면조〉

계면조는 라(la)선법이라 하며 라, 도, 레, 미, 솔의 5음계를 말한다. 황종을 기본으로 할 때 황, 협, 중, 임, 무의 구성음으로 되어 있다. 기음인 황종으로부터 단3도, 장2도, 장2도, 단3도의 간격으로 되어 있다. 계면조는 황종을 떨어주고(요성), 임종에서 중려로 하행 진행할 때 임종을 끌어내리는 것(퇴성)이 계면조의 특징이다.

이 외에도 미, 솔, 라, 시, 도, 레 음계와 미, 솔, 라, 도, 레 음계의 계면조 등이 있다.

3 악곡의 분류

우리나라 음악은 크게 정악과 민속악으로 나누어진다. 정악에는 아악, 당악, 향악 등이 있는데, 아악의 경우 지금은 문묘악만 남아있고 당악의 경우 지금은 향악화되어 명칭만 존재할 뿐 음악은 모두 없어진 상태이다. 향악은 우리나라에서 발생된 음악뿐만 아니라 아주 먼 옛날 서역에서 들어온 음악까지도 포함한다.

국악을 크게 정악(正樂)과 민속악(民俗樂)으로 나누어 악곡을 분류하면 다음과 같다.

〈정악〉

문묘제례악, 종묘제례악, 낙양춘, 보허자, 수제천, 동동, 여민락, 여민락만, 정읍, 도드리, 세환입, 해령, 평조회상, 영산회상, 군악, 가곡, 가사, 시조, 대취타, 취타 등.

〈민속악〉

민요, 판소리, 단가, 잡가, 시나위, 산조, 무속음악, 범패, 농악(풍물), 사물놀이 등

근래에 와서는(국립음악원, 1996) 전통음악에 궁정음악, 선비음악, 민속음악, 종교음악을 포함하고 창작음악을 별개의 분류의 대상으로 포함하고 있다. 이것은 기악연주 형태, 성악연주 형태로 나누어서 분류되는데, 그 악곡은 다음과 같다(백대웅, 최태현, 김해숙. 전통음악개론. 1995).

- **가, 무, 악 종합예술 형태** : 문묘제례악, 종묘제례악, 굿 음악, 범패.
- **기악연주 형태** : 여민락, 수제천, 동동, 보허자, 보허사, 낙양춘, 영산회상, 자진한잎, 청성자진한잎, 취타, 대풍류, 산조, 시나위.
- **성악 형태** : 민요, 잡가, 가곡, 가사, 시조, 판소리, 단가, 창극, 가야금 병창.
- **타악연주 형태** : 풍물놀이(농악), 사물놀이.
- **창작연주 형태** : 각 기악곡 및 연주곡 등.

4 악기 분류법과 구성

한국의 전통악기는 현재까지 60여 종이 전하고 있으나, 이 중 실제 연주에 사용되는 악기는 약 30여 종이다. 국악기를 분류하는 방법은 음악의 계통에 의한 분류와 악기를 만드는 재료에 따른 분류, 연주방법상의 분류로 나눌 수 있다.

오늘날의 전통악기는 크게 선율악기와 장단(리듬)악기로 나누어진다. 선율악기는 불어서 소리 내는 관악기와 줄로 소리를 내는 현악기 그리고 채로 쳐서 소리 내는 타악기로 구분할 수 있다. 이 방법은 서양악기의 분류에서 주로 사용하는 방법으로, 쉽게 알 수 있는 도표로 나타내면 다음과 같다.

국악기 분류

- 전통악기
  - 장단악기
    - 꽹과리
    - 징
    - 바라
    - 장구
    - 풍물북
    - 소리북
    - 좌고
    - 용고
    - 진고
    - 절고
    - 축
    - 박
    - 〈어·부〉
  - 선율악기
    - 관악기
      - 당피리
      - 세피리
      - 향피리
      - 새납(태평소)
      - 대금
      - 소금(당적)
      - 단소
      - 생황
      - 나발
      - 나각
      - 〈지·소·약·적·훈〉
    - 현악기
      - 가야금
      - 거문고
      - 양금
      - 해금
      - 아쟁
      - 대아쟁
      - 〈금·슬〉
    - 타음악기
      - 편종
      - 편경
      - 방향
      - 운라
      - 〈특종·특경〉

(김해숙, 백대웅, 최태현, 전통음악개론, 1995)

대금

향피리

소금

단소

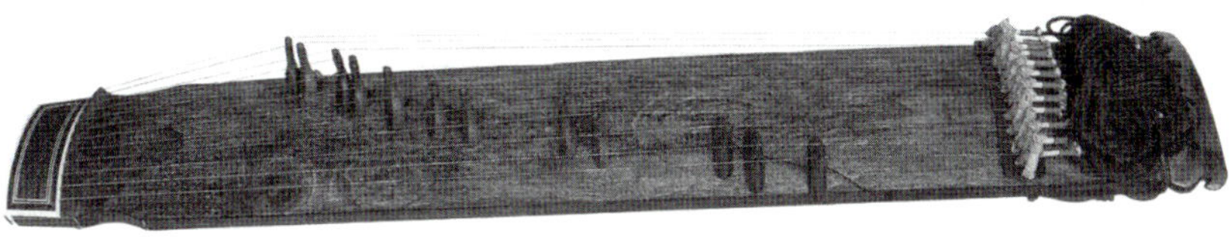

가야금

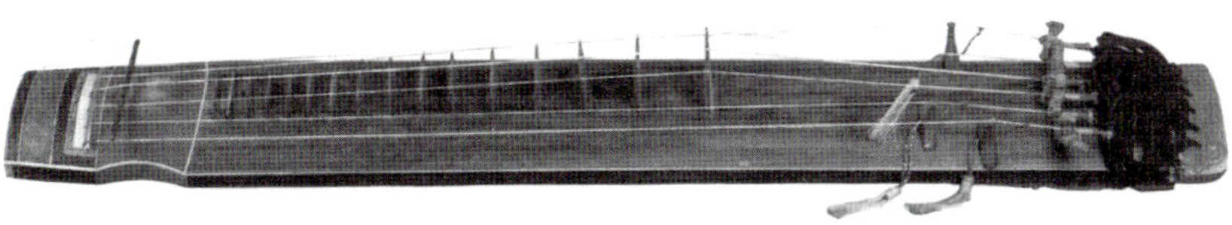

거문고

어

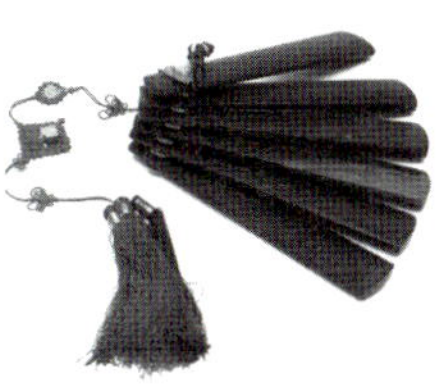

박

태평소

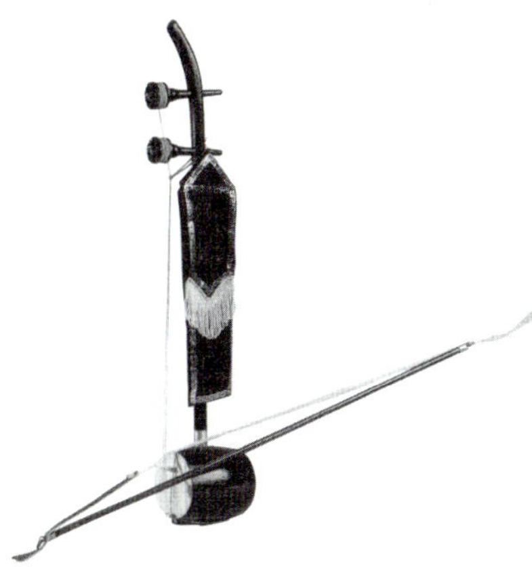

해금

참고문헌

교육과학기술부(2013). 유치원·어린이집과 친구 총론.

교육과학기술부·보건복지부(2012). 4, 5세 누리과정 해설서.

김성균(1984). 유아음악교육. 서울: 세광출판사.

김숙경(1993). 한국전래놀이노래. 청맥.

김숙경(2001). 한국전래놀이노래. 서울: 동문사.

김영희·김영(1989). 유아를 위한 음률교육. 서울: 창지사.

김재은(1992). 유아를 위한 예술교육. 서울: 샘터.

김재은·이성진(1983). 예술을 통한 교육. 유아교육전집 6. 서울: 배영사.

김정수·고춘선·허화병(1990). 전통음악학습지도법. 서울: 세광음악출판사.

김종상(1991). 동시 교실. 서울: 예림당.

김한룡(1986). 즐거운 동시 공부. 서울: 대일출판사.

김해숙·백대웅·최태현(1995). 전통음악개론. 서울: 어울림.

동요문학동인회(1987). 맑은 눈 고운 노래. 서울: 대일출판사.

문미옥(2008). 영유아 교육과정. 서울: 창지사.

박성은. 새로운 유아음악지도. 서울: 학문사.

박영숙(1982). 별초롱 꿈초롱. 서울: 대일출판사.

반혜성(1999). 전통음악이론. 서울: 두남출판사.

백대웅(1982). 한국전통음악의 선율구조. 경기: 대광문화사.

새세대육영회. 전래동요집

서한범(2004). 우리음악 이야기. 서울: 태림출판사.

윤명원·허화병·조창규·김동현·김요섭(2003). 한국음악론. 경기: 음악세계.

윤영배·정윤선(2005). 오르프 접근법과 악기 앙상블. 서울: 창지사

이숙재(1990). 유아를 위한 놀이의 이론과 실제. 서울: 창지사.

이숙재(2001). 영유아 놀이활동. 서울: 창지사.

이영·유애열(1985). 유아를 위한 음악활동의 이론과 실제. 융성출판사.

전송배·모형오(2003). 유아국악교육. 경기: 양서원.

전인평(1984). 겨레음악. 서울: 재순악보출판사.

전인평(1989). 국악작곡입문. 서울: 현대음악출판사.

전인평(2006). 한국음악의 멋. 서울: 아시아 음악학회.

정성자(1988). 어린이 국악교육. 서울: 창지사.

______(1990). 어린이 국악동요. 경기: 예원미디어.

______(1994). 어린이 국악교육의 실제. 서울: 창지사.

______(1996). 어린이 국악마당. 경기: 예원미디어.

______(2000). 교육현장에 필요한 어린이 국악 작품집. 서울: 창지사.

______(2009). 유아국악교육(유·아동을 위한 이론·실제·작품). 서울: 창지사.

정세문·기청(1986). 유아음악교육. 서울: 창지사.

정정식·황영자(1997). 오르프 기초음악의 길잡이. 서울: 수문당.

조윤미(2004). 유아국악교육. 서울: 창지사.

최향엽(1985). 동요와 피아노곡. 서울: 창지사.

저자소개

정 성 자

- 유·아동국악 32년 선구자, 개척자.
- 어린이 국악 전국 특강 25년
- 이화여자대학교 평생교육원 유아국악전문과정 주임강사
- 한국어린이 국악교육협회장
- 수원여자대학교 출강
- (사) 한국음악저작권협회 이사
- 국악문화활동 표창장(2015)
- (전) 국악교육협의회 이사 및 유아분과 위원장
- (전) 명지대학교 사회교육대학원 출강
    - 명지대학교 사회교육원 국악과 주임교수
    - 이화여자대학교 교육대학원 출강
    - 중앙대학교 교육대학원 출강
    - 중앙대학교 유아교육과, 사회과학대, 생활과학대 출강
    - (사) 한국어린이국악교육협회 이사장, 회장
    - 유아국악 자료개발연구 심사위원
- 한국 문화콘텐츠 심사위원
- 지역학교 특성화 사업 모니터링 전문가 현장 심사위원
- 전국 국악동요 심사위원
- TV 및 신문·잡지 기사 등 매스컴 활동(1995~현재)
- 전국 유아국악발표회 8회
- 전국 유·아동 강습회 17회

〈저서〉

- 어린이 국악교육(창지사, 1988)
- 어린이 국악교육의 실제(창지사, 1994)
- 교육현장에 필요한 어린이 국악작품집(창지사, 2000)
- 어린이 국악동요(악보, CD 집)(예원미디어, 1990)
- 어린이 국악마당(악보, CD 집)(예원미디어, 1996)
- 유아국악교육(유·아동을 위한 이론·실제·작품)(창지사, 2009)

정리

서예리

- 목원대학교 한국음악학부 학사 졸업
- 중앙대학교 국악교육대학원 음악치료교육 석사 졸업
- 한국어린이국악교육협회 교육 팀장

도움을 주신 기관

- 한국어린이국악교육협회 국악강사단
- 선경유치원
- 그림유치원
- 이화여자대학교 평생교육원 유아국악과정 재학생

교사와 함께하는

유아국악놀이의 이론과 실제

초판 1쇄 인쇄 2015년 3월 2일
초판 1쇄 발행 2015년 3월 6일

지은이 | 정성자
펴낸이 | 김기섭
편집인 | 이윤미
펴낸곳 | 창지사 www.changjisa.com
153-802 서울시 금천구 가산디지털 1로 83
파트너스타워1차 9층
전화 (02) 719-2211~3
팩스 (02) 701-9386
등 록 | 1977년 4월 28일·제1-421호

ISBN 978-89-426-0798-3 (93370)

값 17,000원

「이 도서의 국립중앙도서관 출판예정도서목록(CIP)은 서지정보유통지원시스템 홈페이지(http://seoji.nl.go.kr)와 국가자료공동목록시스템(http://www.nl.go.kr/kolisnet)에서 이용하실 수 있습니다.(CIP제어번호: CIP2015007060)」